"A descoberta de um novo prato contribui mais para a felicidade da humanidade do que a descoberta de uma estrela."

(Jean Anthelme Brillat-Savarin)

Gilles Pudlowski

Para que serve um crítico gastronômico?

tradução
Constância Morel

© Armand Colin, 2011
Título original: *Dites-nous, Gilles Pudlowski, à quoi sert vraiment un critique gastronomique?*

PROSPECÇÃO EDITORIAL	Isabel Maria Macedo Alexandre
PREPARAÇÃO DE TEXTO	Pedro Barros
REVISÃO	Tulio Kawata
ILUSTRAÇÃO DE CAPA	Anna Paula de Souza e Silva
CAPA E PROJETO GRÁFICO	Tikinet Edição Ltda.

Dados Internacionais de Catalogação na Publicação (CIP)
(Câmara Brasileira do Livro, SP, Brasil)

Pudlowski, Gilles
   Para que serve um crítico gastronômico? / Gilles Pudlowski ; tradução Constância Morel. – São Paulo : Edições Tapioca, 2012.

   Título original: À quoi sert vraiment un critique gastronomique?

   1. Crítico gastronômico - França 2. Gastronomia - França I. Título.

12-12325   CDD-641.0130207

Índice para catálogo sistemático:
1. Gastronomia   641.0130207

2012
Todos os direitos desta edição reservados a:
Edições Tapioca
Av. Paulista, 1337, cj. 161
01311-200 São Paulo SP Brasil
Tel. 55 11 3522-7744
contato@edicoestapioca.com.br
www.edicoestapioca.com.br

Sumário

Apresentação, de Arnaldo Lorençato 7

1. Uma profissão de louco 17

2. Gênese de uma vocação 23

3. As falsas aparências 29

4. Os bastidores 35

5. Prevenções necessárias 41

6. O sentido das hierarquias 45

7. A precisão não é uma falta grave 53

8. Falar de boca cheia 61

9. Um mundo em movimento 67

10. Uma profissão de escrita 73

11. Uma poética do ovo estrelado...79

12. Fazer sonhar, dar água na boca.......................................89

13. Desconhecido e tão célebre 97

14. Conhece-te a ti mesmo 105

15. Os ilustres antecessores..109

16. Institucionalização da crítica 125

17. Com intuição 137

18. Surfar com a moda 141

19. Um homem influente...147

20. Em busca do bom produto perdido...................................151

21. O diabo está nos detalhes 157

22. Só é bom o que faz sentido 161

23. Uma profissão para ser classificada 165

Apresentação

Prosa das mais agradáveis, Para que serve um crítico gastronômico? é um livro para quem gosta de boa literatura. Não se limita a saciar apenas os fãs do comer bem. O jornalista Gilles Pudlowski apresenta sua autobiografia à mesa com bossa de cronista. De garfada em garfada, traz à luz passagens marcantes de sua carreira e detalhes do ofício de avaliar refeições. Tudo começa pela intrigante pergunta do título. Quem avalia restaurantes para ele é, ou pelo menos deveria ser, um porto seguro para o leitor. É aquele que vai antes ao estabelecimento e, depois de uma ou várias refeições, enaltece qualidades e aponta defeitos. Sugere pratos para despertar o apetite, sejam eles elaborados a partir de receitas mais ousadas ou de linha clássica. Dá ainda detalhes sobre a carta de vinhos, descreve peculiaridades do ambiente e comenta as características do serviço – sóbrio, expansivo, informal. Atribui-se ainda a tarefa de analisar a conta e calcular a partir dessa interpretação a relação entre qualidade e preço, além de considerar o prazer que o leitor desfrutará em cada endereço escolhido.

A missão principal do crítico, em suma, está em classificar restaurantes, estabelecer uma hierarquia para que o leitor, tanto o fiel quanto o eventual, não perca a viagem. Personagem singular, tem a capacidade de incensar ou derrubar lugares, dependendo da força do veículo para o qual escreva. Intérprete privilegiado do paladar, o crítico de restaurantes desenvolve seu trabalho quase como um sacerdócio. Nunca se apresenta e paga as contas. Ao menos são assim os profissionais sérios. No caso de meu colega Pudlowski, ele faz questão de dizer que seu reembolso de despesas vem da revista semanal *Le Point*, assim como dos jornais *DNA – Dernières Nouvelles d'Alsace* e *Républicain Lorrain*.

Aliás, esse é um ponto nevrálgico da profissão no qual ele coloca o dedo. Há por todos os cantos quem se arvore em cobrar essa necessária isenção do crítico de gastronomia com o pagamento de refeições. Mas entre os colegas de outros ramos do jornalismo incumbidos de avaliações não existe essa obrigação. "O leitor conhece um crítico de teatro, música, cinema ou dança que pague sua entrada no espetáculo? Um crítico literário que pague os livros que resenha?" Ainda que o pagamento das contas seja essencial, essa exigência apenas sobre o crítico gastronômico faz parecer que entre seus pares ele é o único que é incapaz de ter bom senso.

Embora Pudlowski concorde que o anonimato – hoje, quase impossível de se manter por causa da propagação de imagens no meio digital – seja sempre bem-vindo e necessário, ele faz uma interessante ponderação a respeito da crítica em geral. Embora tenha o rosto divulgado e estampado sobre a capa de muito de seus livros, ele assume que aniquilou, arruinou, irritou, rebaixou endereços famosos e faz isso com distinção, mantendo essas casas negativamente resenhadas em destaque no "Quoi de neuf?" no guia de restaurante *Pudlo Paris*. E lança uma blague com aquele que considera seu "velho camarada" François Simon, o demolidor crítico do diário *Le Figaro*: "Estamos no pátio-jardim do Plaza Athénée, e Denis Courtiade, o diretor do salão, que há vinte anos trabalha com Alain Ducasse (e há dez anos no Plaza), faz uma observação com um ar malicioso: 'Olha, seu colega François Simon está lá no fundo, completamente incógnito'. Em se tratando daquele que tenta se afirmar como o cavaleiro branco da profissão, com o rosto sempre escondido, disfarçado ou ausente, a coisa é engraçada, até mesmo cômica. Para dizer o mínimo." Ainda a esse respeito, como nenhum crítico respeitável se faz anunciar, Pudlowski garante que, embora a refeição possa ser mais caprichada para ele, não dará tempo para o cozinheiro comprar "um linguado mais fresco, uma lagosta mais adequada, morangos sazonais". Terá de ser virar com o que está disponível na cozinha naquele momento.

Ao mesmo tempo que descreve sua atividade profissional, Pudlowski conta a história da crítica gastronômica na França. Ele começa pelo precursor Alexandre Balthazar Laurent Grimod de la Reynière em 1803 e chega a seus contemporâneos mais jovens Alexandre Cammas e Emmanuel Rubin. Nesse processo, discorda em especial do método de avaliação do *Guia Michelin*, cujo método hoje se concentra num atribuir de estrelas, batizadas popularmente com o nome de *macaron*, um famoso docinho francês de claras e farinha de amêndoa. Para ele, o método do mais notável e respeitado guia de gastronomia do mundo é feito de maneira pouco explícita e simplória "e mesmo tolo, para não dizer mal colocado". O jornalista dedica especial atenção a dois renovadores da maneira de avaliar restaurantes, que também foram seus mestres, Christian Millau e Henri Gault, fundadores do guia *GaultMillau*, em uma profissão para a qual não havia escola, mas somente o desejo de se aperfeiçoar. Elogia também o pai, um intransigente gourmet que lhe moldou o paladar. A formação universitária veio do curso de letras, bem como de pós-graduação em ciências políticas. Do início por diletantismo na crítica gastronômica, tornou-se "uma espécie de caixeiro-viajante da República dos Sabores", já que não se limitava a avaliar restaurantes em Paris. Aliás, orgulha-se de algumas críticas feitas além das fronteiras de seu país natal, como a dedicada a Thomas Keller, do *French Laundry*, e intitulada "O futuro Robuchon é americano". Em razão desse artigo, ele diz que foi criticado pelo chef Alain Ducasse ao ter valorizado um cozinheiro estrangeiro, uma heresia. Como se vê, o crítico também é alvo de críticas.

Se a crítica gastronômica na França tem uma tradição que remonta há mais de dois séculos, no Brasil é relativamente recente. Além de comentários esporádicos em diferentes veículos de comunicação e do modelo adotado, nos anos 1960, pelo *Guia Brasil*, inspirado pelo mais famoso guia de hotéis e restaurantes do mundo, o francês *Michelin* com suas desejadas estrelas, este segmento do jornalismo só ganhou força quando Mino Carta convidou Paulo Cotrim para fazer resenhas diárias de restaurantes no *Jornal da Tarde*. A estreia do primeiro crítico diário de restaurantes foi em 4 de janeiro de 1966, data em que o extinto matutino foi pela primeira vez às bancas – a última edição do jornal, infelizmente, teve sua publicação em 31 de outubro de 2012. Diferentemente do que diz Pudlowski, não se vê na crítica brasileira a vontade de "aniquilar" ou "arruinar" um estabelecimento. Seria apenas um desnecessário exercício de poder de quem tem o poder na mídia. Na maioria das vezes, a avaliação por jornalistas sérios e especializados procura ressaltar os problemas encontrados, assim como destacar o que realmente funcionou na refeição. Na minha rotina de almoços e jantares como crítico da revista *Veja São Paulo*, por exemplo, busco sempre um ponto de equilíbrio, uma vez que estou fazendo uma indicação para o leitor que busca diversão. Enfatizo também que crítica não é afago; do contrário, não teria esse nome. Uma das características mais marcantes no trabalho do crítico é que ele está diante de uma arte efêmera, que nunca se repete de maneira idêntica – não se fala aqui, naturalmente, de um hambúrguer de uma cadeia de *fast-food*. Cada prato dura apenas o ritual de uma refeição, de uma sequência de garfadas. Outra característica importante, aliás, fundamental hoje, é que os chefs franceses da atualmente tão condenada nouvelle cuisine assim como os cozinheiros japoneses nos ensinaram que receita também é uma experiência estética, dependendo do requinte de sua apresentação. Diferentemente dos outros segmentos da crítica cultural no Brasil, a de gastronomia está ligada diretamente a serviço. É preciso informar dias e horários de funcionamento e, como faço em *Veja São Paulo*, preços e faixa de gastos dos restaurantes. A crítica gastronômica no Brasil está entre os caçulas diante, por exemplo, da crítica literária e da teatral, donas de longa tradição. Comparada aos outros estilos, talvez se aproxime mais do teatro – há uma *mise-en-scène* intensa, que vai do preparo na cozinha à chegada à mesa, depois de um prato desfilar pelo salão. Elaborar a comida e servi-la é uma forma de representar diante da plateia formada por clientes interessados em saciar a fome com prazer.

Antes considerada literalmente a cozinha do jornalismo, a gastronomia ganha cada vez mais espaço e notoriedade. Tanto que há um frêmito de críticos informais que surfam nas redes sociais. Hoje, comentar e escrever sobre restaurantes virou um modismo. Basta dar uma busca na internet para emaranhar-se em incontáveis *blogs* a tagarelar sobre o assunto em qualquer idioma. Há que se fazer uma ressalva: são pessoas sem preparação profissional ou método comparativo. Salvo raras exceções, a maioria das pessoas reduz suas críticas a "gosto" ou "não gosto", quando uma avaliação precisa começa pelos aromas emanados pela comida, seguido de sua apresentação visual e detalhes precisos, como temperatura e quantidade de sal e temperos. Essa missão cheia de apetite, não esquecendo nunca que se trata de um trabalho, tornou-se mais fácil de ser exercida. Com os sistemas de busca digital, fica a um toque do dedo descobrir a maneira correta – e também a errada, já que há mais informações falsas do que verdadeiras na rede virtual – de grafar corretamente o nome de um prato ou descobrir sua receita. Também se tornou bem mais fácil encontrar bibliografia especializada, com fartura de traduções para o português. Mas há algo insubstituível no trabalho do crítico profissional: a intimidade proporcionada com a rotina do trabalho. Essa repetição sistemática de visitas permite observar a evolução de um restaurante, sua ascensão ou queda. Por isso, profissionais sérios sempre voltam a um local avaliado, seja ele excelente ou problemático. Tudo pode mudar a cada visita. E cabe ao crítico informar a seus leitores.

Arnaldo Lorençato

Escritor, jornalista, crítico gastronômico,

editor da revista *Veja São Paulo* e

professor da Universidade Mackenzie

Para meu mestre, Christian Millau.
Para meu padrinho, Henry Viard, *in memoriam.*

Uma profissão de louco

1

Sou uma pessoa normal. Claro que, iniciando o texto com uma obviedade, o leitor poderá pensar que essa afirmação esconde um segredo. Na verdade, não é um segredo, mas uma espécie de situação da qual gostaria de ser apenas testemunha. Sou uma pessoa normal, mas vivo permanentemente uma situação insólita, peculiar, extravagante, extrema.

Eu como em nome dos leitores. O que faço como trabalho é o que o leitor faz como lazer. Eu relato emoções, histórias de cozinha, refeições pantagruélicas, festas de amigos. Sou o cara das páginas finais de todo semanário, aquele cuja tarefa é distrair o leitor quando o cotidiano começa a ficar entediante. Sou o responsável pelos lazeres que dão certo. Ou por aqueles que não dão. Pelas festas divertidas, pelas saídas imprevistas, pelas emoções gastronômicas...

Toda semana, para a *Le Point*, proponho o perfil de um grande chef, o *hit parade* (chamamos de "cotação") dos bons restaurantes da semana, de preferência parisienses, aqueles que estão em boas condições, aqueles que estão em observação e aqueles que não estão em condições. Em seguida, dou os detalhes de um produto do cardápio: revelo seu histórico, seu interesse gustativo ou para a saúde, suas propriedades benéficas, sua melhor época e, por fim, a receita.

Quase esqueci que também falo do bar de sua preferência, da butique do momento, do belo artesão do paladar e, até, do livro de culinária que o leitor não pode perder. Tudo isso, exponho nas "páginas nacionais", sempre as mesmas, da revista *Le Point*, para a qual faço duas viagens por semana ao interior da França, a fim de redigir um caderno gastronômico da cidade selecionada pela redação e pela equipe de marketing. E, como meu nome aparece no título da matéria, nas chamadas da revista, pelo menos no número especial, minha obrigação é fazer seriamente meu trabalho; para não decepcionar os leitores.

Como estava dizendo no início, sou eu quem garante os lazeres dos leitores: o pesquisador de prazeres (gastronômicos, claro!), o observador das modas do momento, o defensor do viver e comer bem. Para o jornal *Dernières Nouvelles d'Alsace* – *DNA* (há mais de vinte anos) e para o *Républicain Lorrain*, de Metz, minha cidade natal (há dezoito anos), também mantenho uma crônica gastronômica semanal. Cuido dos leitores ainda no *Saveurs*, no *Lecoq Gourmand* e em outros...

E, estimulado pelo meu filho Michael, que é um gênio da internet, lancei-me na Web, com um *blog* intitulado "Les Pieds dans le Plat", onde, todo dia, deixo minhas impressões,

UMA PROFISSÃO DE LOUCO

meus sentimentos, meus passeios, as baladas, captando para o leitor o que será bom amanhã e ainda mais depois de amanhã. Persigo o bom, o justo, o insólito, com minha máquina fotográfica compacta, leve como uma pluma. Relato simplesmente o que vejo, o que sinto, o que como.

Uma profissão de louco? Sem dúvida alguma. Um trabalho inútil? Um ganha-pão estéril? Uma tagarelice sem propósito, que ninguém escuta? Claro que não! Existem leitores que ficam desapontados por um ou outro restaurante que aconselhei e escrevem furiosos para a *Point* e o *DNA*. Há os usuários de Facebook que dão um "curtir" na minha página oficial, que também foi criada por Michael. Há leitores apaixonados e leais que encontro em salões e festas, nos corredores de uma feira de livros, onde apresento minhas produções mais recentes.

Olha aí, esta noite estou no trem TGV Leste, voltando de Colmar. Encontrei fãs descontraídos e felizes, gourmets dóceis, leitores fiéis, mas que querem saber mais. Havia uma senhora para quem sou um oráculo, que me prefere ao Michelin; um senhor que afirma nunca ter se decepcionado com minhas indicações de endereços, que está convencido que sabe me ler nas entrelinhas, que tem a faculdade de interpretar o significado de um elogio moderado, ou de uma crítica incisiva, ou então de uma falsa aprovação.

Feliz público de Colmar, que comuta meus dissabores do passado. Lembro de, há quase vinte anos, ter sido processado por escrever sobre um restaurante local, célebre e histórico: "Gostaria que o chef daqui provasse sua comida". Argumentava que a cozinha era insossa, neutra, banal, mal adaptada, pouco equilibrada. Mas isso é passado. A verdade é que ganhei todos os processos. Agradeço ao meu irmão Francis, advogado, por sua exatidão, rigor e brio. Obrigado a Christian Millau, meu mestre, por ter me servido de preciosa testemunha, me confiando, à guisa de vade-mécum e mesmo de salvo-conduto, o relato detalhado dos processos que sofrera, especialmente aquele que o opunha ao famoso senhor Chow, em que fora condenado a pagar uma multa de 100 mil dólares de perdas e danos por ter falado mal de seu pato laqueado.

Mas são coisas do passado, às quais voltarei adiante. Já estamos há mais de uma década no século XXI, com uma profissão mais facilitada, produtos mais frescos, mais naturais, mais "bio", com chefs jovens que trabalharam com os grandes, os descendentes de Troisgros, Bocuse, Guérard, Senderens ou, mais próximos de nós, Robuchon, Ducasse, Loiseau, Passard. Os reis do "bistrô gastro", à maneira de Constant, Candeborde ou Stéphane Jégo (o *Ami Jean*, rua Malar), tornam nossa vida mais fácil.

Essa profissão de louco é muito mais fácil de ser praticada hoje do que na década de 1980, quando a qualidade era ainda uma promessa, a nova cozinha (*nouvelle cuisine*) estava em seus primórdios, de cozimentos rápidos, caldos reduzidos, molhos leves, legumes e peixes frescos, aves rotuladas e cozinha de mercado.

UMA PROFISSÃO DE LOUCO

Atualmente, o negócio é ser mais sutil, não reclamar. Estabelecer hierarquias, dizer quem é o melhor, quem merece uma, duas ou três estrelas (ou nenhuma), e não exclamar "é uma merda!". A profissão mudou. Tornou-se mais nobre, deixou de ser apenas um paliativo para os marginalizados da Ocupação (voltaremos a falar e evocaremos o destino dos Prade, dos Courtine, dos Morlaine, dos Montaignac).

Crítico gastronômico – ainda que a denominação atualmente englobe a nobre palavra "crítico" e a não menos aristocrática "gastrônomo" – pode se ajustar a esse duplo epíteto sem um sentimento de vergonha.

Quando eu era jovem, em início de carreira, ser crítico de gastronomia não era um motivo de orgulho. Christian Millau e Henri Gault, meus gloriosos antecessores, levantaram o nível, sem dúvida. Sob o comando deles, não se tratava mais de louvar o "delicioso Fernand e sua amável Germaine", mas de criticar cruamente um molho ou um prato, denunciar as flambagens abusivas, os molhos miseráveis, os cozimentos insistentes e os produtos de baixa qualidade. Em suma, não era apenas fazer elogios do gênero, mas atuar como os Zorros da profissão. E foi com eles que fiz minha estreia.

Gênese de uma vocação

2

"Como você se tornou crítico gastronômico?" Como pude... Não havia escola para isso, nenhuma formação particular, nem diploma obrigatório. Somente vontade. Uma olhada para trás, e tudo fica explicado: tudo se inicia com o aprendizado do gosto, sob a orientação de um pai apaixonado pelas boas coisas.

Na década de 1950, em Metz, as boas mesas eram a Marne (rua Coëtlosquet), o Globe (praça da Estação) e o restaurante da própria Estação. Gosto das boas sopas de antigamente, as sopas refinadas, excelentes terrines, rãs ao molho de alho, escargots na manteiga com salsinha, frangos assados com a pele crocante – isso é a minha *madeleine*.[1] O perfume da ameixa sorvida suavemente. E o escalope de vitela com feijões-verdes

---

[1] Alusão a uma passagem de *No caminho de Swann*, de Marcel Proust, em que o personagem, ao sentir o odor e ao comer uma *madeleine* (bolinho), desencadeia um processo de rememoração, de todo seu passado até a infância. (N. T.)

fritos no alho de domingo à noite. E as idas pantagruélicas à Alsácia, tão próxima...

Em Graufthal, no Rochers, no restaurante de Jannes, tenho lembranças de vol-au-vent com molhos cremosos, de merengues gelados, de omelete norueguesa, além das recordações amorosas. E não esqueço as trutas de viveiro, cozidas ao *bleu*[2] ou com amêndoas. Em seguida, por volta dos 10 anos, acompanhado de meu irmão, a descoberta dos belos e refinados restaurantes de Estrasburgo aos domingos: o Crocodile, a Maison Rouge, a Diligence (e seu escalope de vitela finamente empanado à la Holstein, com anchovas e ovo picado) e o Gourmet Sans Chique (com uma grande quantidade de terrinas e ótimos patês, de fígado de galinha, de javali, de cabra ou de perdiz). E a lembrança continua a correr...

Minhas universidades não foram Jussieu, nem Censier ou Nanterre, como alardeado por Philippe Clay. Elas se chamavam Capucin Gourmand, em Nancy, Vannes, em Liverdun, ou Vénerie, em Sierck. Aprendizado do gosto, lenta educação do palato, sábia descoberta das mesas-monumentos como emoções permanentes... Estou contando aqui a história, minha história, mas essa é, sem dúvida, exemplar – e responsável por outras. "Para julgar um restaurante, é preciso conhecer mil", dizia-me o colega Patrice de Nussac, que dirigia naquela época o *Gault & Millau* – e trata-se de uma verdade.

---

[2] Modo de cozimento de alguns peixes crus ou vivos, como no caso da truta. (N. T.)

Ah, sim, estou entre aqueles que pensam que comparação é razão – e foi como meu pai me ensinou. Volto a ele. Meu pai teve uma centena de negócios, e vários giravam em torno dos prazeres da mesa, especialmente uma empresa de torrefação de café em Metz (os Cafés Java), um restaurante italiano na mesma cidade (o Capri) e uma empresa de venda por atacado de charcutaria (Est-Intersalaisons) em Nancy. Ele era o mais intransigente dos gourmets/gulosos em matéria de linguiça de porco (*andouillette*), de salame, de cabeça de vitela. "Mas você viu o que eles ousam servir?", indignava-se quando fazíamos o rodízio de restaurantes.

Com ele, aprendi a distinguir o verdadeiro do falso, o bom do ruim, o autêntico do artificial. Seu método: o instinto, isto é, a intuição ou o instinto de sobrevivência. São eles que me guiam até hoje. Não fiz escola de hotelaria, nem assisti aos cursos noturnos destinados a loucos por cozinha. Meus estudos, depois do vestibular (letras), foram uma pós-graduação em ciências políticas (confirmado com diploma de pesquisas e estudos políticos, depois de uma defesa de tese) e uma licenciatura em história. O que a gastronomia tem a ver com tudo isso?

Naquela época, eu era um jovem jornalista da *Nouvelles Littéraires*. Comecei a crítica gastronômica como diletante. Primeiramente no *Quotidien* de Paris, de Philippe Tesson, acompanhado por Henry Viard (que assinava Tio Henry), e no *Quotidien du Médecin*, que fazia parte do mesmo grupo. Então, quando entrei na *Nouvelles Littéraires*, que foi comprado por Tesson e confiado a Jean-François Kahn, fui incumbido, além do caderno "Livros", da inútil crônica gastronômica. Tive a ideia de assinar "Tio Gilles", mas Jean-Vincent Richard, que era o secretário-geral da redação do jornal, me aconselhou a não usar pseudônimo, com um argumento um tanto insólito: "Se você não ganhar o suficiente com literatura, terá sempre a gastronomia"...

Estávamos em 1978, e eu não levava nenhuma fé na gastronomia. Alguns meses depois, Christian Millau me chamou para substituir Alain Gerber, que já era o autor de *Buffet de la Gare*, e seria o de *Une sorte de bleu* e *Faubourg des Coups de Triques*, e queria deixar de ser repórter de gastronomia para a *Gault & Millau*. Millau, para me dar confiança, fez uma observação que ficou em minha memória e me serve de salvo-conduto há mais de trinta anos: "Nessa profissão, as pessoas sabem ou comer ou escrever, raramente as duas, às vezes nenhuma delas. Se você souber fazer as duas, certamente terá sucesso".

Assim, eu o segui em sua aventura. Fui crítico durante muito tempo, aprendendo muita coisa, encarregado da missão em Nova York, Deauville, Megève e Enghien. Comia por ele, comia pelos leitores. Mas escrevia para ele. Dei a primeira nota 16/20 (que deveria ter sido 17 se Millau tivesse aceitado minha opinião) a Alain Passard e os três toques para Joël Robuchon quando se mudou para a rua Longchamp (Christian Millau não gostava muito dele, e preferiu que não tivesse nota). Mas tive também minhas primeiras decepções.

O primeiro esgotamento "histórico", quando ainda trabalhava nas *Nouvelles Littéraires*, foi precisamente o Célébrités, do grande Joël, que ficava no hotel Nikko. O restaurante, de duas estrelas, abria todos os dias. Fui lá num 14 de julho, experimentei um folhado de foie gras (muito cozido) com batatas, filé de peixe (seco) feito em manteiga branca (muito acentuada) e, em seguida, excelentes sobremesas no carrinho (entre elas, uma deliciosa torta de framboesas), assinadas pelo MOF[3] Michel Foussard. Mas, antes disso, pedira ao *maître* sua opinião sobre um riesling de Hugel, ao que me respondera: "Vou deixar o senhor escolher".

Claro que não foi uma total catástrofe, mas também não foi o grande restaurante divulgado pelo meu patrão Jean-François Kahn, que almoçava ali toda semana com seu amigo Jean-Pierre Elkabbach. E acabou sendo uma bela decepção. Kahn aceitou que eu fizesse a crítica em seu jornal. Seis meses depois, voltei lá, guiado pelo meu padrinho Henry Viard, e foi um deslumbramento permanente. Joël Robuchon, que não era tão famoso quanto hoje, tinha mais a função de restaurateur, com terno preto, do que de chef, de branco. Graças a ele e outros, comecei a aprender...

---

[3] MOF = *Meilleurs ouvriers de France* (melhores operários da França). (N. T.)

As falsas aparências

3

"Que belo trabalho você faz", dizem-me, com um sorriso de inveja, os membros do comitê Colbert com quem cruzo na estação de Beaune e que me apresentam sua presidenta, Dominique Hériard-Dubreuil, que dirige igualmente o negócio familiar Rémy Martin. Eles vieram somente para uma noite, trouxeram apenas uma sacola e se espantam com o peso de minha bagagem – que transporta minhas roupas e me serve de escritório e biblioteca.

Quando lhes explico que meu périplo de quatro dias (ou melhor, quatro dias e meio) compreende gloriosas etapas em Chagny (Lameloise) e Vonnas (Blanc), e que também estarei na Hospedaria de Lavernois, bem perto de Beaune, e no Charlemagne, em Corton, eles ficam extasiados: "Como gostaríamos de estar em seu lugar!", mas subentendendo "Pena que não podemos, pois temos de trabalhar". Faço uma observação, mesmo sabendo que eles vão achar gozado, de que se trata de um trabalho variado e expressivo.

Não é somente comer divinos presuntos com salsinha, ovos ao molho de vinho tinto ou risotos verdes de escargots e rãs ao creme de alho doce, mas trata-se também de inspecionar restaurantes que corajosamente me aguardam. Desde a manhã, o trabalho é duro e levanta-se bem cedo. Mesmo se, acompanhado por Maurice Rougemont, meu fotógrafo "oficial", com quem trabalho há mais de trinta anos (começamos na *Nouvelles Littéraires* e, quando visitávamos Bernard Clavel no Jura, Jacques Lacarrière em Sacy, Henri Vincenot em Commarin, Jules Roy em Vézelay, Henri Troyat em Gâtinais, Michel Ragon em Hurepoix e Daniel Boulanger em Senlis), tivermos ido dormir muito tarde.

Ele trabalhava e trabalha com afinco suas fotos, montando um estúdio no local, diante da lareira do Bistrot du Bord de l'Eau, reduzindo-as, retocando-as (em Photoshop), mostrando-me algumas delas, enquanto eu redigia para a *Le Point*, primeiramente, e, depois, para meu *blog*.

Era e é uma forma de criar uma espécie de mapa local dos prazeres da mesa: pequenas e grandes mesas (Remparts, Charlemagne), restaurantes agradáveis, eloquentes, fartos ou tendência (o bistrô do Hotel), agradáveis anexos (Bissoh, o do Charlemagne; Loiseau des Vignes, para o Albergue Bernard Loiseau; ex-Côte d'Or, em Saulieu), bistrôs rústicos (Ma Cuisine, Comptoir des Tontons), bares de vinhos, estabelecimentos descontraídos, mas também fabricantes de queijo (Alain Hess), comerciantes de cassis (groselha preta) e fabricantes de mostarda (Edmond Fallot, aliás, Marc Désarménien).

Vou me queixar? Claro que não! "É a profissão mais bonita do mundo!", disse-me Rachid Arhab, ao me entrevistar para o canal France 2, a quem respondi, rindo, embora incorretamente: "São os trabalhos forçados do prazer".

"Seu trabalho, para ser bem feito, é preciso detestá-lo", insinuou um dia meu velho camarada André Clavel, que conheci na *Nouvelles Littéraires*, e que atualmente é crítico de literatura do *Express*. Ele queria dizer, evidentemente, que é preciso manter certa distância entre si e o objeto para avaliá-lo de maneira conveniente; não beber e comer à saciedade, ou até não ter mais sede ou fome, mas saber falar disso. E sobretudo escrever, retranscrever a emoção, gastar o tempo para vivenciá-la e relatá-la.

Em suma, minha mesa predileta não é aquela de todas as salas de refeição do mundo, mas a de meus escritórios ocasionais, mesas de hotel, de bistrô, bandejas de aviões ou trens. Tornei-me uma espécie de caixeiro-viajante da República dos Sabores, viajando incessantemente de uma região a outra, circulando de cidade em cidade há três décadas, aprendendo a ascese... e o rigor.

Esse longo aprendizado de rigor, permito-me dizer que é o beabá da profissão. Submetendo-me logo cedo a ele, pude compreender o que era preciso fazer e o que não era: não responder a todas as solicitações; recusar álcool ou vinho a qualquer momento, assim que alguém oferece; aceitar somente água, chá e café; reconhecer os defeitos, sabendo que a água e o chá, como veremos mais adiante, são fontes de vida;

escolher os elementos diuréticos e saudáveis, para se manter... a "moral da ascese", exposta no meu livro anterior.[4]

Peço licença para citar a mim mesmo, ou, pelo menos, retomar aqui o essencial de minha argumentação da época. Para ir ao encontro, mais ou menos, da defesa do consumidor, deve-se consumir por ele, mas minimamente. Não precisa experimentar tudo, saber tudo, beber tudo. Com o passar dos anos, sei que perdi muito tempo e ganhei muitas calorias inúteis provando inúmeros cardápios, degustações que não tinham, afinal, tanta importância. E, hoje, ziguezagueando pela França e fora dela, de nada me serve experimentar muito.

Restabeleçamos, mesmo que nunca tenha existido, o dever da sobriedade. Isso vai contra o tipo e o mito do crítico gastronômico de antigamente, com seu uniforme todo manchado, seu "ovo de pombo" (de acordo com o querido Robert Sabatier ao se referir ao saudoso Henry Clos-Jouve) à guisa da barriga, seu rosto corado e alegre – em suma, a aparência de bicho-papão ou de folião. O crítico de hoje tem, evidentemente, uma fisionomia diferente, a tez branca e o rosto de uma pessoa comum – ou aquele do senhor Duchemin em *L'Aile ou la cuisse*.[5]

---

[4] *Comment être critique gastronomique et garder la ligne*, Éditions du Rocher, 2004.

[5] Filme de 1976, de Claude Zidi. M. Duchemin, diretor de um guia gastronômico conhecido mundialmente, tem o hábito de visitar incógnito os restaurantes.

Aliás, os jovens que preconizam o *fooding* (contração de *food* e *feeling*, junção de comida a prazer), como Alexandre Cammas ou Emmanuel Rubin, do *Figaroscope* e do *Optimum*, são simplesmente quadragenários, com um rosto comum, de tez branca, até mesmo pálida, e magros. Dá até para duvidar se eles comem. Na verdade, não é preciso ter a aparência de um pastor protestante, ou de um monge corado, para ser um colunista de gastronomia ao molho contemporâneo. Mas, tampouco, é preciso esvaziar copo atrás de copo e prato atrás de prato para comer com um discernimento acurado.

Mas o leitor acreditaria em mim quando afirmo que minha profissão, bem feita, bem vista, bem pensada, bem vivida, assemelha-se a uma ética de sabor justo, a uma moral da ascese, ao esboço ideal de um mundo sem falsa nota gananciosa? Nós, críticos gastronômicos, somos filósofos sem saber, éclogas de sabores novos e precisos. Não importa se defende-se a cozinha à moda antiga ou o modernismo das emulsões, a crítica gastronômica, por menos criteriosa e justa que seja, resulta da profecia empírica, praticada com discernimento, dia após dia.

Os bastidores

Não se trata do antigo programa de televisão *Coulisses de l'Exploit* (Bastidores da façanha), da extinta ORTF. Devo--me colocar "atrás do salão" para tentar compreender "como aquilo funciona". Esforço-me para não ser um cliente mediano, aquele que vem simplesmente comer; ou ainda um inspetor de guia anônimo, que julga, avalia, estima, pesa e mede sua refeição, depois vai embora – pronto para voltar a visitar uma cozinha – e redige suas notas rapidamente. Sou aquele que tenta compreender, discute com o outro, interroga, tenta reconstituir um percurso, fazendo, aqui e acolá, as mesmas perguntas para entender tudo, relatar uma carreira, narrar um itinerário. Ou seja, tento, corajosamente, dissecar um procedimento, até mesmo entoar um canto intenso, à semelhança do elogio, ou, ao contrário, aventurando-me em um canto fúnebre.

O bom exemplo da primeira finalidade: evocar a evolução de uma grande casa de rico passado, mas de futuro incerto e nebuloso, como a Lameloise, em Chagny. Vou narrar o histórico dela; contar como se passou, em um século, de Pierre a Jean, de Jean a Jacques, depois de Jacques a Éric (Pras). Se uma tão discreta cidade de Saône-et-Loire, na estrada de Beaune a Chalons, teve fama, foi devido a um albergue do correio do século XV, próximo da N6, da ferrovia PLM e do Canal do Centro, que se tornou o Hotel do Comércio, sob a direção de Pierre Lameloise, em 1920, que obteve uma estrela em 1935.

Lameloise foi substituído pelo filho Jean, formado no Royal, em Chalon, e no Plaza Athenée, de Paris, depois no Scribe, onde oferecia as *quenelles* (bolinhos de peixe, ave ou vitela, parecidos com almôndegas) de brochet (espécie de linguado), a truta ao vinho, os lagostins no próprio molho ou o galeto em pasta com molho Janick, criado em homenagem ao nascimento de sua primeira filha. E em seguida, em 1960, Jean e sua esposa Simone imaginam um hotel moderno e o batizam com o nome da família. O espaço tem uma sala de jantar com uma grande abóboda, com grades e vigas em forma de adegas borgonhesas revisitadas.

Depois, destaco o papel de Jacques, que nasce no hotel dos pais em 1947, demonstrando gosto por brincadeiras, como repintar a escala do pintor do estabelecimento, enquanto este almoçava, ou derramar óleo no chão da cozinha. Mas ressalto que logo volta ao sério, assim que se vê diante dos fogões. Ele se forma, estritamente, com Laserre, na Aubergade de Pontchartrain, no Lucas Carton, praça da Madeleine (Paris), e no Fouquet's, sem esquecer, como seu avô, o Savoy de Londres, na escola Escoffier.

Volta para casa em 1971, sem ignorar as bases clássicas, mas inova com sabedoria e sempre aliviando o fardo. Ele é um ex-estagiário em confeitaria, da casa Lenôtre, e se mostra hábil nessa categoria, oscilando entre tradição e inovação, com produtos regionais de boa qualidade e outros de lugares mais afastados, priorizando sempre o frescor. Lembro que ele obtém duas estrelas em 1974, e três em 1979, ao mesmo tempo que seu colega Gérard Boyer, de Reims. Enfatizo o sucesso da dupla: ele e Nicole, sua sorridente esposa dos belos olhos azuis, que cuida, como a fada boa, dos cinquenta funcionários, entre camareiras e *maîtres*, embeleza os quartos à moda antiga, com os tetos à francesa, móveis de estilo e banheiros de mármore.

Mas não posso esquecer da perda subsequente das três estrelas, ainda que rapidamente recuperadas. Em seguida, menciono a retomada da residência pelo sobrinho, pela aliança com Frédéric Lamy, e o sucessor na cozinha de Jacques, o MOF Éric Pras, natural de Roanne, formado com Troisgros, Gagnaire, Marcon, que tem espírito de sabedoria, o aprumo da profissão. E segue a linhagem, com uma equipe de cozinha renovada e um pessoal de salão, quase todos, com trinta anos de casa e que continua vigilante. Noto que a casa mantém um bistrô animado (Pierre e Jean) em homenagem aos dois pais fundadores. Mas Éric preserva o estilo Lameloise, que traduz sabedoria clássica, espírito regional, rigor técnico, escolha inteligente e impecável de bons produtos, enquanto o *sommelier* Hubert Gaillard oferece o melhor da costa *chalonnaise* (Borgonha) para os comensais dali e do mundo inteiro, que vêm simplesmente pelo prazer.

Se insisto nesse ponto, se conto e enumero minuciosamente os pequenos fatos e os grandes gestos dessa casa exemplar, dessa casa da antologia borgonhesa, desse estabelecimento simbólico da suavidade francesa, é que meu papel não se limita aqui, como em outros lugares, a comer, beber, dormir e redigir notinhas rápidas. Mas devo compreender, inventariar, explicar e sentir. E naturalmente, para melhor avaliá-los e analisá-los, experimentar, comentar, provar o repolho recheado de foie gras, o salmonídeo das Cévennes, marmorizado e defumado com ramos de videiras, coberto com leite espumoso de avelãs, com alguns grãos de caviar de Aquitânia e com fina camada cremosa de alcachofra. Ou ainda a torta fina de escargots (da Borgonha, evidentemente), com ervas frescas, legumes sazonais, alho untuoso e marinado, compondo, com os outros alimentos citados, entradas delicadas e frescas de uma refeição fora do comum.

Há ainda o parmentier (bolo gratinado recheado com batata) de lagosta, com seus cogumelos silvestres e trufas da Borgonha, o filé de boi de Charolles (AOC, *appellation d'origine contrôlée* ou denominação de origem controlada), escaldado/assado, amarrado, em um leve caldo de pimenta de cassis com canelone de rabo de boi desfiado... verdadeiras obras de arte. E não esqueço as sobremesas, que sempre foram um ponto forte, e continuam sendo, assim como a variedade em torno do tema café (cremoso, emulsão morna, canela/cassis, mais crocante, de gianduia de avelã), que explode na boca como veludo. Introduza um rully do momento (o de Dureuil-Janthial), como o maravilhoso givry de François Lumpp, e o leitor compreenderá que é preciso manter a cabeça fria para avaliar o caminho dessa bela morada de sabor, cor e história, que nunca desmereceu seu prestígio e permanece no topo da classificação hexagonal.

Estou me relendo, e acho que é preciso colocar um pouco mais de rigor, mas também de humanidade, nisso tudo. A sucessão de pratos, de vinhos, de maravilhas, não exclui o bom senso, nem a moderação, nem a retidão no julgamento e no olhar. Tudo aquilo que é aqui proposto é uma oferta loquaz, generosa e variável, que se destina a qualquer um. Não somente ao leitor, ou a mim, mas ao próximo peregrino glutão e gourmet de Chagny que quiser, depois de mim, experimentar os mesmos pratos esmerados e seriamente servidos. Meu papel não é apenas o de historiador, geógrafo, etnólogo, técnico ou um poeta, mas sobretudo de um guia, que seria todos ao mesmo tempo, acumulando essas funções esparsas e complementares, colocando uma refeição num contexto e numa região, um chef com um itinerário numa sociologia, uma casa numa história e numa cosmogonia, um repertório dentro de uma região.

Prevenções necessárias

5

Saio de um jantar de gala no Grand Hotel Park, em Gstaad. Estamos na Suíça, o chef é italiano, os comensais são cosmopolitas, os vinhos são franceses. No cardápio: finos medalhões de lagosta bretã no caviar de esturjão; um duo de foie gras frito e uma compota de figos tipo chutney; excelentes paccheri (grandes e largos macarrões), cozidos perfeitamente *al dente*, servidos num ensopado de lagostim com uma pitada de pimenta e um buquê de rúcula; além do consomê de boi ao bom champanhe "cristal", servido em frasco com canudo, como nota digestiva; e também uma notável costeleta de vitela do Simmental, bem macia e cozida, cor-de-rosa, acompanhada de legumes grelhados ao modo transalpino.

Os vinhos servidos são, como já disse, todos franceses: um gewürztraminer de Schlumberger, frutado perfeito para o foie gras; um pouilly defumado de Michel Redde, seco e intenso, impecável para os paccheri; um château Clément-Pichon 2000, conservando ainda o gosto da madeira, de Haut

Médoc. Isso, sem dúvida, desorienta nossos vizinhos russos, dinamarqueses, ingleses ou italianos, que compõem um grupo de jornalistas aplicado e glutão, vindo para a abertura da temporada. Mas e a Suíça nisso tudo?

Assim como meu vizinho, diretor do TGV Lyria, vindo do cantão do Valais (Suíça), sempre transitando entre Paris e Sion ou Sierre, sou a favor dos grandes vinhos helvécios – os cornalins, os humagnes, os pequenos syrahs, os johannisbergs, os ermitages, os dezaleys e os épesses –, que combinariam facilmente com essas iguarias finas e refinadas. Mas, sem dúvida, o diretor do hotel, suíço puro e encarregado dessa refeição-demonstração, optou pelos franceses para defender seu "produto" internacional. E vejo-me obrigado, então, a assumir a defesa da identidade helvécia oculta; a elogiar os vinhos de Genebra, as safras do Lavaux, do Valais, o chaselas e também o grão negro; a ressaltar as pessoas que amo, os Germanier, os Maurice Zuffegens, os Simon Maye ou Marie-Thérèse Chappaz, que equivalem aos franceses Chave, Guigal e Chapoutier, seus primos do vale do Ródano e do outro lado do Léman.

Quantas vezes não me vi em situação, sempre e por todo lado, de enaltecer profundamente um país que não era o meu? Meu papel, minha missão: defender todas as regiões em seus territórios, colocar suas riquezas locais em destaque, retomar o velho "costume" do Michelin de citar a sequência das especialidades dos restaurantes estrelados, os vinhos locais aconselhados. Faço isso sob o princípio de que um viajante respeitável deve querer descobrir os produtos locais, de que sua curiosidade deve arrastá-lo para a descoberta do outro, a confrontar um mundo novo, que complementará, desse modo, sua cultura. Caso contrário, qual a razão de tomar o trem ou o avião? E por que se preocupar com bagagens? Ser um crítico gastronômico responsável é, evidentemente, ir ao encontro da descoberta de um mundo diferente.

O receio de ocorrer uma uniformização está sempre presente, fazendo da minha profissão um apostolado a serviço do bom, do justo e do verdadeiro. Durante muito tempo, meus mestres Gault & Millau lutaram por uma cozinha saudável, com cozimentos rápidos, molhos leves, caldos reduzidos, produtos mais autênticos. Da mesma maneira, Jean-Pierre Coffe sempre brigou por uma alimentação justa, viver bem e uma comida verdadeira. Meu camarada Périco Légasse travou uma verdadeira batalha a favor dos queijos crus e contra o tratamento térmico ou a pasteurização. E não esqueço meu velho amigo Jean-Luc Petitrenaud, sempre nas estradas, nas mesas dos bistrôs, nos artesãos dos sabores dos bons lugares, tentando restituir à região a primazia em tudo.

Crítico, cronista, estabelecendo hierarquia – volto a esse assunto no capítulo seguinte –, o gastrônomo é um homem de ideias preestabelecidas, um arauto do (bom) gosto, um defensor das coisas belas e saborosas e, ao mesmo tempo, um opositor pertinaz dos simulacros e das imposturas.

O sentido das hierarquias 6

Gosto de complicar as coisas, de me ater a detalhes, de equacionar o foie gras (de ganso ou de pato), o salmão (muitas vezes seco) e o ensopado, de dispor de determinado estabelecimento, colocando-o em seu lugar. Em resumo, sou o coordenador das boas maneiras, o árbitro das elegâncias culinárias, um fiador de prazeres, o Brummel dos lazeres culinários. Ou seja, sou aquele que impede que o leitor se engane de porta.

Ler um guia é compreender uma hierarquia, apropriar-se de uma aritmética própria da cozinha e dos modos em questão. O leitor gostaria de consumir determinado tipo de culinária, em uma certa atmosfera, pagar por isso evidentemente, mas sobretudo um preço justificado? Estou aqui para atender a seus desejos. Não digo que o Vieux Puits, em Fontjoncouse, não seja uma boa mesa, tampouco que seja uma grande mesa. Mas tenho lá minhas dúvidas que valha suas três estrelas. Gosto bastante do Bigarrade em Paris, e aprecio os talentos da cozinha de Christophe Pelé, a quem tive a oportunidade de encontrar quando ele era chef do Royal Monceau. Mas não concordo muito com suas variações diárias e instantâneas de pratos, sabendo que, às vezes, nem sempre dão certo, ficando a desejar. Por isso, acho que suas duas estrelas não são confiáveis.

Michelin oferece uma gradação de leitura clara e fácil, compreensível por todos, com uma (muito bom), duas (excelente) e três (excelente) estrelas, e serve de base para o julgamento e a avaliação da cozinha. Mesmo quando ele se engana... felizmente. Porque permite que tiremos nossas próprias conclusões. Aliás, qualificar de "notável" suas três estrelas (o que ele mesmo faz) é, falando francamente, um pouco simplório, e mesmo tolo, para não dizer mal colocado. Na verdade, Michelin hierarquiza à sua maneira, pouco explícita, mas tem a experiência de um século. Entretanto, o crítico deve assumir uma contestação perpétua e estimulante para todos.

Entre os críticos permanentes à hierarquia Michelin, de seu gosto atual (nem sempre foi assim, e voltaremos a isso) pela moda da criação completamente nova, destaca-se meu colega Périco Légasse, da revista *Marianne*. Ele está certo em defender as casas tradicionais, os bons albergues da região francesa que comportam a cordialidade e a tipicidade do hexágono; em denunciar o estilo molecular, que eclode atualmente como uma bolha de ar, e a química, que tende a substituir o verdadeiro gosto. Christian Millau e Henri Gault criaram, nos anos 1970, um tópico intitulado "os esquecidos do

Michelin", em que revelaram, entre outros, Troisgros, Outhier e Guérard.

Estabelecer hierarquias, situar restaurantes importantes e rebaixar outros de seu pedestal, dizer simplesmente "isso é melhor que aquilo", ou então "determinada casa merece não duas estrelas, porém uma", ou ao contrário... esse é o papel do crítico. O crítico não deve ser neutro, tampouco puramente elogioso, evitando que se confunda seu papel com o de um publicitário. Christian Millau contou, em seu *Dicionário amoroso da gastronomia*, que um dia recebera um discreto envelope de uma senhora, dona de restaurante, elegante e encantadora, tentando suborná-lo com uma pequena nota; e ele deve tê-la surpreendido ao oferecer a referida nota à gentil garçonete que o serviu durante a refeição... a qual ficou muito contente.

Julgar o outro é avaliá-lo. Das notas (de 1 a 20, de 1 a 4 ou 5 toques de chef, de 1 a 3 estrelas ou, como faço, de 1 a 3 pratos) é o único modo que temos para nos orientar. Mas isso sempre vem acompanhado de polêmicas. Diziam que Bernard Loiseau se suicidou pois não suportou perder um toque e dois pontos no Gault & Millau, e ainda estava ameaçado de perder a terceira estrela Michelin. Ele não teria suportado a calúnia. Havia boatos de uma futura perda de estrela, algo que nunca aconteceu, mas foi anunciado pelo seu temerário confrade François Simon, do *Figaro*.

Na verdade, Bernard Loiseau era hipersensível e depressivo. Lamentamos (penso que os cronistas e os cozinheiros) de não o termos compreendido a tempo, e, assim, tentado salvá-lo. Mas é possível mudar o curso da história, modificar o destino dos homens e ir contra a força das coisas? Aceitar uma hierarquia ascendente é também, em corolário, aceitar uma hierarquia descendente. Publico, todos os anos, no meu guia de Paris, a rubrica "O que há de novo?", contendo a lista das casas que ganham um prato e daquelas que, naturalmente, os perdem.

Caso contrário, como ter credibilidade? Meu colega Philippe Gloaguen, que dirige o *Guide du routard* e publica o pequeno guia *Boas pequenas mesas dos grandes chefs*, recusa-se a tomar partido, a definir que determinada casa é melhor do que outra. É uma escolha dele, porém um sinal de que se coloca fora da esfera crítica. O mesmo acontece com meu alter ego Jean-Luc Petitrenaud – ele é um ano mais novo do que eu, trabalhou comigo e compartilha, na maioria das vezes, minhas opiniões, meus desejos, meus aborrecimentos –, que se recusa igualmente a dar nota aos restaurantes que constam de seu *Guide du casse-croûte*. Isso é porque Jean-Luc é mais um cronista, um contador, um gozador charmoso, do que um crítico no sentido exato e estrito do termo.

Não é o caso de meu jovem colega Emmanuel Rubin, do *Figaroscope*, que dá nota, muitas vezes com pertinência e em tom de brincadeira, às novas mesas da Paris gastronômica. Atribui-lhes de um a quatro corações, ou um coração partido, que se aproxima bem fielmente do prato quebrado criado por mim há 25 anos – presente desde a *Cuisine et vins de France* (minha sessão era denominada "Os pratos de Gilles

Pudlowski"), e ainda é um símbolo que vigora em meu guia de Paris.

Em resumo, ser crítico e estabelecer hierarquias é uma concomitância. E isso, evidentemente, não agrada a todo mundo. Mas serve principalmente ao leitor para esclarecer suas escolhas, ou ainda para ajudar o consumidor a saber onde ele está colocando os pés. A seguir, apresento dois exemplos.

Em edição datada de 1982, mas publicada em 1981, Christian Millau e Henri Gault colocaram em "maus lençóis" as célebres instituições Maxim's e Grand Véfour (na época, dirigida por Raymond Oliver) de Paris, não a de Viena, fazendo passá-las de três para dois toques de chef, eliminando os toques de Lucas-Carton. Ao mesmo tempo, atribuíram um quarto toque a Jacques Maximin e a Chantecler (do Negresco, em Nice) e subiram para três toques os jovens *restaurateurs*, que ainda ficariam famosos, Pierre Gagnaire (em Saint-Étienne), Joël Robuchon e Michel Rostang (em Paris), Michel Chabran (em Pont-de-l'Isère) e Georges Paineau (na Bretanha, em Questembert). Procedendo de modo diferente do Michelin, que nunca explica seus rebaixamentos e elevações, eles faziam questão de detalhar suas escolhas.

Eis o texto sobre Raymond Oliver, do Grand Véfour:

16/20, 2 toques, Grand Véfour (17, rue de Beaujolais, Paris, 1º distrito
Nosso Raymond Oliver esteve bem doente nos últimos tempos. Mas sabemos que já se restabeleceu. Agradecemos, de início, aos céus,

naturalmente porque poucos cozinheiros são tão queridos, não só por nós, mas por todo o mundo, para que continue sendo símbolo da cozinha francesa e seu mais saboroso embaixador. E também porque é preciso ter boa saúde para suportar a dor de um toque a menos, e para fazer tudo para que ele volte, no próximo ano, ao seu lugar. Hesitamos durante muito tempo antes de dilapidar esse monumento. É o próprio prestígio da França que desperdiçamos. Mas se quisermos ter credibilidade e ser seguidos quando gratificamos com três toques um jovem chef brilhante ou um velho mestre revigorado, é preciso que nossos critérios sejam respeitados, mesmo nesse importante lugar encantador, bonito e acolhedor, nesse ambiente onde paira a lembrança de tantos poetas ligados à gastronomia. Nossas notas se referem apenas à culinária. E esta, com seus molhos banais, seus cozimentos muitas vezes excessivos, seus sabores disfarçados ou imperceptíveis, sua falta de inspiração, não merece mais os três toques (ainda que alguns pratos preparados com simplicidade – como o foie gras de ganso, a salada de fundo de alcachofra ou o espetinho de lagostim – esbarrem na perfeição). De resto, a recepção de François Mesnage, o serviço amigo e principesco, a decoração desgastada, porém pura e lindamente autêntica, a clientela distinta e cosmopolita... o Véfour é sempre o Grand Véfour.

Na mesma edição, Henri Gault e Christian Millau justificaram os quatro toques e o 19/20 concedidos a Alain Chapel devido a uma excepcional refeição, ainda que o *maître* de Mionnay estivesse ausente. Observemos, a seguir, que a bajulação termina com uma breve nota mordaz, para mostrar que um bom espírito crítico não se esquece e não submerge nos vapores da admiração.

Passeando de mesa em mesa pelos quatro cantos da França e por Paris, fica-se extasiado com tantos talentos que eclodem e explodem aqui e acolá. Mergulha-se em um mar de beatitude. E subitamente, quase por acaso, janta-se no restaurante de um grande e verdadeiro cozinheiro. Então, tudo desmorona em torno da gente: esmaecem as lembranças de todas essas refeições que acreditávamos perfeitas. É preciso rever a escala de valores. Isso aconteceu conosco outra noite, no Chapel, em Mionnay, como um fogo de artifício. Não venha dizer que estávamos sendo esperados: a reserva de última hora, entendida incorretamente, fora registrada em nome de Rigaud... E, de qualquer maneira, naquela noite, Alain Chapel estava ausente. Isso prova não somente que um chef não serve para nada, mas sobretudo que um grande cozinheiro tem como mérito principal transmitir seu gênio à equipe, que pode funcionar, pelo menos algum tempo, sem a presença de seu mestre. Os adjetivos são míseros para descrever os pratos, entre os quais o pior valia 18,5 sobre 20 e o melhor 19,99. Há dois anos, tivemos a ideia de confessar que choramos lágrimas de felicidade ao provar o bolo de fígados dourados de Chapel. Caçoaram do romantismo incongruente, mas a mensagem foi transmitida. O que encontrar dessa vez para expressar nossa emoção? Principalmente para pessoas como nós, que nunca fomos mesquinhos na admiração pelo divino, pelo sublime... Apenas enunciaremos: salada de lagosta macia e morna com mostarda, filé de vermelho sobre uma geleia de pombo, fígado de pato quente com nabos em conserva, ensopado de dourado com creme de alho-poró, rim de vitela sobre sua gordura com cardos e um gratinado de espaguete com pêssego ao forno. E, como o silêncio após Mozart, o copo d'água após o café, ainda era o Chapel. Algumas críticas severas, nem todas injustificadas, sobre o acolhimento e o serviço (entre eles, o do *sommelier*).

A precisão não é uma falta grave

Não tenha medo se for preciso devorar quilômetros de palavras gastronômicas: é bem menos indigesto do que um molho pesado, um prato supercozido ou uma refeição malograda. O crítico gastronômico é um humilde escriba de prazeres, um investigador fiel de inquietações, um escrivão de festas exuberantes, o convidado invisível de banquetes. Em suma, é alguém que, a todo instante, vela pelo leitor, mesmo que ele não tenha consciência disso.

Explico-me: durante anos, a culinária aceitou a falta de fineza em todos os aspectos, afetações sem sentido, talos de saladas e legumes inúteis atrapalhando a vista e o paladar. Mas, cerca de trinta anos atrás – desde os apologistas da "*nouvelle cuisine*" –, os cozinheiros passaram a procurar fazer mais simples, mais adequado, mais fresco, mais puro e mais exato. O trabalho do crítico simplificou-se. Como é cada vez mais difícil comer mal – o tempo dos molhos pesados que cobriam os pratos pouco frescos acabou, e todos os novos chefs de hoje parecem ter aprendido as lições fecundas de nossos antepassados (voltaremos a esse assunto) –, trata-se de inventariar, relatar, escrever e anotar.

Claro que podemos comer mal, topar com uma ostra não muito fresca, um peixe que não seja do dia, um bife duro, um molho béarnaise desandado, batatas fritas mal cozidas, mal congeladas, uma torta com massa mole ou amolecida pelas frutas ácidas ou verdes... Mas será mais por acidente do que por vontade deliberada. "Custa a mesma coisa propor uma porcaria ou uma boa cozinha", costuma dizer Bocuse, que acrescenta: "Assim, proponhamos apenas a boa cozi-nha." Ainda mais que os jovens chefs que saíram de sua es-cola são Troisgros, Guérard e Loiseau. Ou Savoy, Passard e Astrance. Ou Dutournier, Fréchon e Le Squer. Ou Constant e Camdeborde, assim como todos os recentes novos "bistrôs gastrôs" (Régalade, l'Ami Jean, l'Amuse Bouche, l'Ourcine, Afaria, Troquet, Entredgeu, De Michel e o Grain de Sel), que propõem uma comida fina, criativa, sem negar suas raízes, dentro de uma estrutura simples e com preço razoável.

O papel do crítico? Codificar, relatar, tentar fazer enten-der e explicar, mais e mais. E depois enumerar o que se come nesses restaurantes em cada estação do ano. Se o leitor tiver vontade de comer um pé de porco de um modo diferente, envolto em fina capa de gordura, com purê de batatas, vá cedo – antes do meio-dia, no almoço –, senão enfrentará fila, pois não há reserva. Conselho de um amigo que só quer seu bem. Se o leitor gosta de torta de chocolate, pense no mais discreto dos três estrelas, Bernard Pacaud, um ourives da especialidade, em meio-amargo, servida com um deslumbrante sorvete de baunilha; ou ainda, de um modo moderno, da moda e um tanto caro, em Sven Chartier, o jovem *wonderboy* de Saturno, localizado perto da Bolsa e reverenciado por toda a Paris dos *blogs*.

Codificador de prazeres, o crítico descobre para o leitor o melhor chucrute (no Jenny, no Bofinger, no Flo, no Bretzel ou no Bec Rouge); as melhores andouillettes, um embutido (no René, no Grenouille, na Ambassade d'Auvergne, no Georges do 2º ou do 17º distrito); os melhores boudins, outro embutido (no AOC, na Marlotte, no D'Chez Eux, no Fontaine de Mars); as melhores bouillabaisses, sopa de peixes e frutos do mar (no Méditerranée, no Petit Niçois, no Quinson ou no Antoine); os melhores cassoulets, guisado de feijão-branco com carnes (no Trou Gascon ou no Sarladais); os melhores fígados de vitelo (no Caméléon, no Balzar, no Ribouldingue ou no Relais Plaza); ou ainda a melhor quenelle, bolinho de vitela, peixe ou ave (no Lyonnais, no Tour d'Argent, no Relais Louis XIII, no Senderens ou no Rostang).

O crítico é um inventariante, um contador, um administrador ou um escriturário? Ah, tudo isso ao mesmo tempo. Acrescente-se também: um diretor de espetáculos. O homem que relata e faz salivar, que junta os dez pratos do momento do Astrance (rua Beethoven, em Paris, 16º) e os quinze do cardápio degustação do Arnsburg (em Baerenthal, na Mosela), esses templos discretos da cozinha criativa, onde uma refeição não se faz sem uma sucessão de deliciosos tira-gostos, finos, delicados, leves, aéreos e, além disso, bem digestivos.

No Astrance, o leitor não escapará do brioche morno de manteiga de alecrim e limão, do biscoito de amêndoa e maçã-verde praliné, sopa de ervilhas, do iogurte com gengibre e musse de cúrcuma e cardamono, que formam entradas – leves, frescas, sápidas, ideais para começar. Depois, haverá o clássico foie gras marinado em suco de uvas verdes, a torta de cogumelos-de-paris, a massa de limão em conserva, muito bem arquitetada, de um modo ácido/amargo. E, então, os legumes no caldo de seu cozimento com lagosta pochée, com ervas e flores; antes, o peixe saint peter ao vapor, com erva-doce, lulas, suco de uva, tamarindo – uma obra-prima do gênero iodado/terreno.

Estou esquecendo algo? Claro que não. Porque ainda estão previstas (o cliente não escolhe, o cardápio é o estabelecido para a noite) a cavala marinada no missô, com trigo-sarraceno, a enchova defumada com rúcula e a sardinha, que formam uma real trilogia de peixes azuis reputados como vulgares. Corajoso e saboroso! E depois? O leitão de leite laqueado, com cogumelos silvestres, amêndoas e damasco, dá um aspecto rústico chique, antes do pato dos pântanos cozido no grill, condimentado com cereja, ervilhas e favas, que fica suculento, firme, de pele laqueada, condimento picante, e legumes a degustar.

Encerra-se com uma variedade de sobremesas em sinfonia, com pouco açúcar: sorvete de pimenta e citronela, tortinha de framboesa, chá verde e pistache, capuccino de amêndoas, folha de arroz grelhada, compota de cereja e ameixa, creme gelado de ricota, geleia de morango, gemada com jasmim, bolinhos com mel de castanha. Sabemos que ali acontece algo profissional e grandioso.

Podemos sempre argumentar que estamos numa cozinha de arte e experimental, que o cardápio é imposto, que aquela sala não é a mais divertida de Paris. Mas tudo que ali é proposto é de alta qualidade, e o trabalho apresentado por Pascal Barbot, com sua jovem equipe em uma minicozinha, não é molecular, nem equívoco, mas realmente concreto, restituindo às coisas, como diz o príncipe Cur, o "gosto que elas têm". É um momento de grande cozinha e de graça.

No Arnsbourg, em Barenthal, numa clareira perdida dos Vosges do Norte, à margem do Baixo-Reno, porém na Mosela, é exatamente igual. Ou quase. Mesmo que o cardápio não seja compulsório. Mas receio que quem não o pede perde o acontecimento gastronômico do momento. De início, virão aqueles pequenos aperitivos saborosos. Ou seja, pãozinho inflado ao vapor, com salmão e erva-doce; coquetel Cardinal, na textura (gel de cereja, sorvete pinot noir, musse de groselha); crocante de parmesão (folha de batata com parmesão liofilizado frito); mini-hambúrguer vegetariano (à base de melancia, ketchup fresco, pepino em conserva, tomate em rodelas, cebola roxa); amêndoas com creme enroladas no açúcar; ostra Gillardeau, com gel de laranja amarga; musse de laranja kinkan; e sorvete de limão verde.

Depois, começam as coisas sérias. É uma impressionante declinação sobre o tema do tomate, tão complexo, com um prato que contém creme de manjericão, nhoque de mozarela, destilado de tomate amarelo, água de tomate Datterino, shissô, gel de limão amarelo, borragem e serpão; e mais musse de iogurte, azeite de oliva, sorvete de tomate verde, geleia tremente de toranjas; e ainda cone de tomate com ponta de aspargo, abobrinha, lamela de tomate marinado no vinagrete, raspas de Jabugo, cubos de melão e queijo branco. Uma loucura!... mas saborosa. O sabor do tomate explode de diversas maneiras.

Depois disso, vêm os "doces beijos de foie gras Ispahan" e lichia rosa em forma de boca vermelha e gulosa. E então: lagosta azul ao sabugueiro, com bombom de ervilha capuchinha, emulsão de leite de coco e gel de yuzu. E um incrível robalo na prancha, cozido sem pele, acompanhado de espiga de milho em textura (o milho é reconstituído com uma ponta de creme, na sua forma original, de gosto forte e sedutor).

Estou esquecendo algo? Tem também os legumes grelhados e, em cima, um ovo "perfeito" (clara e gema com igual cozimento e consistência), perfurado com trevo-azedo. Por fim, o famoso boi wagyu, macio e gorduroso como o Kobe, com fritas de fubá, um fino molho choron (que é uma bérnaise com tomates) e alho preto. Podem dizer que somos loucos, que é demasiado, que é difícil lembrar tudo isso. Mas é tão leve, que passa como um sopro... E o *maître* entrega a lista dos pratos, cuidadosamente redigida, para que o cliente tenha o prazer da recordação.

O encerramento é feito com as sobremesas, leves como o ar: suspiro assado de damasco e rainha-do-bosque, cerejas pochés, biscoito, sorbet com flor de sabugueiro. Sem esquecer da imensa carta de vinhos, apresentada com ciência, onde a Alsácia estende a mão ao melhor da Borgonha. Não nos esqueçamos de mencionar a maravilha do cenário: sóbrio, doce, de madeira, aberto, com suas grandes portas para uma floresta. E certamente diremos: "eis uma grande casa"... e discreta... e com os preços razoáveis (duas a três vezes menos do que as três estrelas de Paris). Mas seria a melhor do mundo?

Colocamos um ponto de interrogação. E nos dirigimos aos leitores. Cabe-lhes o julgamento, pois, como disse, no início, estou à inteira disposição de seu prazer. Não sou um ditador.

Falar de boca cheia

8

Um crítico é uma pessoa que não entende mais do que as outras, mas ele tem o dom de relatar. Gosta de comer, sabe falar disso e, sobretudo, transmite sua emoção aos outros. Está sempre pronto para falar com a boca cheia. Tomo emprestada, parcialmente, a definição do meu mestre Christian Millau, grande tagarela diante do Eterno, que sempre dizia: "Um restaurante, assim como uma boa refeição, é obrigatoriamente simpático. Mas pode ser maçante, chato, enfadonho. Para ganhar o leitor, é preciso saber falar de outra coisa". Quando ele dirigia o guia *Gault & Millau* e sua revista mensal, Christian era exímio dissertador e falador, e tergiversava em torno do assunto.

Seu monumental *Dicionário amoroso da gastronomia* é um vade-mécum para a profissão, ainda que provoque a demolição dos gloriosos antepassados, como Brillat-Savarin ("um grande idiota"), o príncipe Cur, aliás Curnonsky ("o estilo curtido nos molhos que ele elogia") e Courtine, aliás La

Reynière, remetendo a seus estimados estudos e a seu passado de colaboracionista do *Pariser Zeitung à la Gerbe*. Tudo o que é necessário fazer, e o que não é, tudo que é necessário evitar ou defender, retomar por conta própria, encontra-se ali classificado, de A a Z. Durante anos, Christian Millau – formado, assim como este cronista, em ciências políticas – passou pela imprensa literária, e aprendeu a falar, escrever, relatar, com uma verve ímpar, de refeições divertidas, pesadas, magníficas, banais, inofensivas ou homéricas, e a fazer chorar de emoção os leitores de seu guia.

"Apreciadores da boa mesa, de joelhos: Chapel é uma catedral", essa frase é de Christian ou de Henri? Não sei mais. Mas restituamos a César. Alguns de nós – não é mesmo, Michel Creignou e François Simon? – formaram-se na escola deles. Christian Dubois-Millau e Henri Gaudichon formaram a dupla mais famosa de sua época, ou seja, os Erckman-Chatrian, os Roux & Combaluzier, os Jules e Jim, os Victor & Rolf da profissão deles (da nossa); deram o tom, na época deles, de uma crítica verdadeiramente crítica. E ainda seguimos seus passos, colocando nossos pés em seu profícuo caminho.

No tempo dos molhos pesados e dos cozimentos muito demorados, eles não se contentaram em estabelecer as dez regras da "nova cozinha", a de um novo saber comer, com o risco de fazer crescer os mal-entendidos em torno deles, mas fizeram seguidores, mais ou menos talentosos, que colocaram literatura no molho culinário. Não resisto ao prazer de citar uma passagem antológica, em que G. e M. dão o troco à antiga crítica, que se contentava em exaltar, elogiar e bajular, empregando um estilo cheio de hipérboles e redundâncias. Abaixo o trecho de *Gault e Millau estão à mesa* (Stock, 1976):

Desde sempre, ronronava uma imprensa chamada de "gastronômica", com um estilo gotejante de molho com creme. Narrava com uma comicidade involuntária as festas dos grandes senhores apopléticos, dando mais ou menos nisso:

"Em sua charmosa pousada às margens do rio Deûle, o amigo Roger recebeu, outro dia, meu compadre e eu próprio, ajudado por sua nobre esposa, a amável Gilberte. Estrutura simples, original e de bom tom, com as redes de pescadores penduradas aqui e ali, entre as rendas das grades de ferro fundido. Para começar, tivemos direito a uma terrine de pés de porco de sabores sutis, em que sentimos a marca de um grande chef. Para continuar, o patrão me recomendou a cabeça de vitelo, que estava sublime, envolta simplesmente por um molho fino, tal qual uma ruborizada noiva com seu véu.

"Meu cúmplice escolheu os caranguejos à la Nantua, que se revelaram de alta qualidade. Meus leitores, gastrônomos abalizados – fato que não lamento –, não ignoram o que é o magret de pato, prato muito saboroso, que provém da cozinha de um grande chef. Não ficamos nada decepcionados, pois o patrão teve a original ideia de recheá-lo com cogumelos picados e de embrulhá-lo como um bebê numa fina crepe de milho, tudo demolhado no vinho branco e passado na estufa (salamandra). Um deleite, que valeu ao amigo Roger a ovação reconhecida de nossas papilas gulosas. Ah, se cada vez mais nossos amigos cozinheiros pudessem ressaltar apenas o sabor dos pratos que eles preparam!

"Para terminar, degustamos pêssegos flambados na pimenta-verde, e a maciez da fruta misturava-se às pérolas malgaxes. Acompanhávamos essas festas com um pequeno branco malicioso, com gosto de sílex, que não negava suas origens camponesas. Essa é certamente uma casa abençoada pelo deus Côme e que recomendamos efusivamente a nossos amigos leitores, que, juramos sobre a memória do grande Cur, não ficarão decepcionados."

Nessa literatura "gourmande", seria vã a tentativa de procurar algo que correspondesse, na literatura louca e maravilhosa de um Alexandre Dumas, a água da louça em comparação a um chambertin (vinho da Borgonha), a mínima severidade e o mínimo autêntico entusiasmo. Se a Gastronomia – com G maiúsculo – era uma arte, era sobretudo a arte da camaradagem, da adulação recíproca, de refeições grátis.

Assim, Christian e Henri ou Henri e Christian criticavam, zombando e sem retratação, o estilo Curnonsky, que predominava nos anos 1950, mas esteve em vigor desde o início da década de 1920. Este último – aliás, Maurice-Edmond Sailland (Angers, 1872 – Paris, 1956), do qual voltaremos a falar mais adiante – inventou um apelido inspirado na onda russa ("Cur-non-sky": por que não o céu?). Ele foi novelista cômico e também um dos *ghost writers* de Willy, o marido de Colette, uma romancista popular da época. Torna-se, depois, animador gastronômico. Ainda não é o príncipe eleito dos gastrônomos – o que só acontecerá em 1927, como veremos adiante. Começa, de toda forma, acompanhado por seu colega Marcel Rouff – futuro autor do livro *La vie et la passion de Dodin-Bouffant, gourmet* (1924) –, uma volta pela França, pelas "maravilhas culinárias e dos bons albergues".

Eles (Cur e Marcel) percorrem juntos o Périgord, o Anjou, a Normandia, a Bresse (com o Bugey e o país de

Gex). Depois, descobrem, emocionados, a Alsácia. "De todas as províncias, (ela) é, sem dúvida, juntamente com a Bretanha e o Béarn, a que melhor soube conservar sua fisionomia, seu pitoresco e suas tradições." O relato dos dois, tão marcante, continua sendo fascinante pela releitura, porque conseguem, numa mistura de patriotismo vingativo (contra os "grotescos armados", "os selvagens metódicos de além-Reno", "os esforços do vandalismo e do militarismo teutônico") e da manifesta alegria consequente, visitar, "como irmãos e como amigos", " a querida província reencontrada".

Em suma, Curnonsky e Rouff atribuem mil qualidades à Alsácia e aos alsacianos e nenhuma aos invasores, que "fizeram o impossível para enfear e banalizar velhas cidades, cujo charme íntimo e profundo" soube resistir a todas as tentativas. Visitam Colmar acompanhados de Hansi – "Todo mundo sabe que o espiritual escritor e desenhista é, ao mesmo tempo, uma bela figura alsaciana, uma fisionomia bem parisiense e um grande artista francês. Sua obra considerável exprime com rara felicidade o amor por sua pequena pátria, o culto à França e o desprezo jovial ao *Boche* (como os alemães eram chamados)" – e descobrem os museus fascinantes e os restaurantes da moda.

Na Maison des Têtes, destacam a sopa de legumes com ensopado de lebre e macarrão, o perdiz com chucrute e caranguejos ao caldo, o queijo münster com cominho, frutas e pão de anis, muitas safras de Beblenheim, clevner de Colmar, traminer de Ammerschwihr e de Riquewihr, antes da aguardente de framboesas, e de remeter isso para o dia seguinte, os dois sozinhos, sem o bom tio, cedendo à truta meunière, às linguiças com couve e à perdiz ("menos louvável do que na véspera", é verdade). E prosseguem para Estrasburgo, onde destacam o prato emblemático da região, em seu estilo tão particular: "Comemos, às margens do Ill, esse tenro e novo chucrute fresco de estação, que está para o velho, bem marinado, ao longo do inverno, como a virgem tímida e pálida está para a mulher de quarenta anos. De nossa parte, preferimos a maturidade da experiência...".

Em resumo, eles fazem crônica social. Mas também não desagrada a Millau e Gault um pouco de crítica, achando determinado chucrute "bom, sem mais"; e no Valentin, então famoso, um linguado "dentro da média honesta". Mas estou indo muito rápido. A crítica, como dizia no início, é a arte de saber falar com boca cheia... e de se dar conta disso. O estilo, a maneira de fazer, de relatar e de avaliar – o leitor já compreendeu –, naturalmente evoluiu, assim como a cozinha servida no mundo inteiro.

Um mundo em movimento 9

O mundo se move. Em 2011, o gourmet, o gourmand, o amador e o apaixonado não são, evidentemente, os mesmos da época de Curnonsky, nem mesmo da época de Gault e Millau. As lições de ontem foram aprendidas, as preces de anteontem ouvidas e as predições do futuro mudaram de rumo. No início dos anos 1980, Christian M. e Henri G., em sua revista mensal, perguntavam-se como seriam a culinária e os restaurantes do ano 2000, considerado um patamar mítico.

No ano 2000, especulavam, meio reflexivos, meio zombadores, que comeríamos pílulas como no filme *No mundo de 2020* (1974, direção de Richard Fleischer, com Charlton Heston e Edward G. Robinson), evocando um mundo que teria esgotado seus recursos naturais, onde apenas uma misteriosa drágea verde poderia alimentar uma população incerta de seu futuro. O universo seria invadido por grandes cadeias alimentares, os *fast-foods*, a não mais acabar, e os chefs artesãos, assim como os restaurantes de elite, seriam reduzidos a uma porção mínima.

Sobrariam apenas alguns iluminados, como Alain Chapel, para servir raras mesas e alimentar os loucos por culinária verdadeira com pão de campanha grelhado e queijo branco da fazenda. Esse sonho – ou pesadelo – não aconteceu, graças a Deus. Os combates levados por uns e outros – não é mesmo, Jean-Pierre Coffe, e seu *Bon Vivre*?; não é mesmo, Jean-Luc Petitrenaud, e seu táxi inglês por todo canto do verdadeiro interior francês? – acabaram por dar bons frutos. Hoje, todo mundo reencontrou o gosto do verdadeiro, do bom e do orgânico. As AOC multiplicam-se. A França, apesar das ameaças de bactéria e as imposições dos funcionários de Bruxelas, protege seus queijos de leite cru.

"Um país que produz 250 espécies de queijos não pode morrer", disse Winston Churchill ao general De Gaulle em 1940, ao propor-lhe a aliança da França com a Grã-Bretanha. O "querido e velho país" nunca morreu. E não morrerá jamais. Nunca esteve tão bem quanto hoje, reivindicando a proteção de seus produtos pelas AOC ou pelas IGP (indicação geográfica protegida), seus vinhos orgânicos e naturais, seus legumes de raiz, seus peixes selvagens ou bem-criados, seus azeites de oliva de boa qualidade, suas geleias artesanais com verdadeiro gosto de fruta – tudo promovido por artesãos que realmente acreditam nisso e evocam um hino otimista para uma França eterna...

Desse modo, entende-se que o papel do crítico mudou. Ele tornou-se tanto homem de campo quanto de escritório, multiplicando as sondagens nas caves ou nos campos, em lojas ou junto aos fogões, e retornando, no final, a seu escritório para redigir. Existem os que descobrem (o que faz muito bem o excelente Bruno Verjus em seu *blog* para a Food Intelligence), denunciam (o que faz muito bem o amigo Périco Légasse no rádio, na televisão e na revista *Marianne*), recenseiam, relatam e cantam com os artesãos culinários (Jean-Luc Petitrenaud na rádio Europe 1 e no Canal 5; François-Régis Gaudry, do *Express*, na France Inter, com o programa *On va déguster*).

Revelar tanto quanto relatar, surpreender-se, anotar, hierarquizar – como dizia anteriormente –, classificar, elogiar ou ridicularizar os restaurantes de Paris que estão na moda: é isso que faz talentosamente a equipe do *Figaroscope*, com o habilidoso Emmanuel Rubin, o Zorro da casa, que zombou de Christian Millau em *Guia dos restaurantes fantasmas*, sob o pseudônimo Emmanuel String, com sua linguagem de época, muito na moda, de tendência. E não se pode esquecer o *Haché Menu*, exercício literário arriscado, mas muitas vezes bem sucedido, a respeito de um restaurante escolhido sobre o tema da semana, assinado por meu velho camarada François Simon (que aliás é o autor do engraçado *Como passar por um crítico gastronômico sem saber nada*).

Traçar paralelos com o passado, relatar a época, citar os grandes nomes de então, convocar Alexandre Dumas e Brillat-Savarin – é isso que faz brilhantemente meu colega Jean-Claude Ribaur, do *Monde*, que sucedeu Courtine (aliás, La Reynière) com brio e possui a arte da persistência. Quando redige sua crônica para o grande jornal vespertino, disse-me, sempre fica com a sensação de estar prestando uma prova final. Porque o público é exigente, e os elementos de cultura são bem pesados. O mesmo acontece quando Jean--Paul Géné, no jornal *Le Monde* 2, evoca a gastronomia como momentos de vida: ele sabe tirar seus exemplos de outros lugares, falando tanto da infância em Lorraine, com gosto de mirabela, dos anos de esquerda, do estágio no Maximin, no Negresco, mantendo uma graça maliciosa em seus belos *Chemins de Table* (Hoëbeke, 2010).

Em resumo, todos os estilos pertencem à crônica. E todos os gêneros são possíveis – o que reflete um mundo em movimento. A cozinha não é mais uma atribuição para alguns, mas uma espécie de gramática diária para todos. Julie Andrieu é nossa nova Catherine Langeais – que compunha, na antiga ORTF, uma saborosa dupla com Raymond Olivier, o grande chef do Véfour, natural de Langon, daí o belo sotaque bordelês, bem antes de Maïté explorar a mesma veia de um modo popular com *La Cuisine des mousquetaires* [A cozinha dos mosqueteiros]. Ou seja, a culinária invadiu a telinha. Está por toda parte.

E atende pelos nomes *Top Chef, Master Chef, Panique en cuisine, Oui Chef, Bon Appétit, bien sûr, Fourchette et sac au dos* e *Grand gourmand*. Estou esquecendo algum? Certamente, pois a lista dos programas é vertiginosa. Isso tudo mostra que, como as famílias não mais se reúnem, ao meio-dia, para um ensopado, um coq au vin (galo ensopado no vinho tinto com cogumelos), um bourguignon (carne com vinho tinto, cebolas e cogumelos), um navarin (ensopado de carneiro com batatas, nabos e cenouras), um pot-au-feu (carne cozida no próprio caldo, com legumes e raízes) ou um mironton (ensopado de carnes ao vinho branco), a tradição permanece boa conselheira, por meio da televisão ou do rádio. Agora, somos "tradicionais" na culinária. E gostamos do *vintage* (não se usa mais retrô), que nos faz voltar ao tempo de cozimento em fogo lento. O crítico, que conservou a língua afiada, a fisionomia fechada, a caneta para anotar, não sabe mais, nesse cenário, em que se concentrar.

Uma profissão de escrita

10

A diferença entre crítica e crônica, entre crítico gastronômico e animador de televisão ou rádio, é que o primeiro tem por missão avaliar, anotar, hierarquizar – já disse isso anteriormente –, mas também tem a tarefa de escrever. Não quero criticar o pessoal do Michelin por dar notinhas curtas. É bem pequeno seu papel de comentar, explicar, relatar, testemunhar e compartilhar.

O crítico, antes de tudo, é um homem de escrita. Ele foi escritor de bulevar na época de Curnonsky, romancista informado no tempo de Marcel Rouff (*Vie et passion de Dodin-Bouffant, gourmet*), jornalista literário, homem de texto e corajoso, como Henri Gault e Christian Millau, tantas vezes já citados aqui, mas também Bernard Frank, cronista em *Soldes* e *Un siècle débordé*, romancista em *Rats*, que reuniu trechos que escreveu, selecionados do *Monde* e do *Nouvel Observateur*, em sólidos volumes, mas não esqueceu de falar dos restaurantes, nem de seus caminhos sinuosos, em *Paris clandestina*.

Escrever é preencher o tempo da pausa. É relatar, transmitir, escolher as palavras que darão ou não vontade de frequentar determinado restaurante, de optar por abrir determinada porta para descobrir o que lá se esconde e se o estabelecimento abriga um grande chef. Não basta dizer "esse restaurante vale a pena e o chef tem talento". É preciso explicar por quê, definir um estilo, fazer um elogio preciso e justificado. Lembro-me de como descobri (fascinado) Dominique Le Stanc, por acaso, em um passeio a pé pelos Vosges do Nord, fazendo uma reportagem para a *Gault & Millau*.

Haviam me falado, incorretamente, de um jovem chef que trabalhara, durante as férias, no castelo da Vendée, de Henri Gault, e que estaria no Casino de Niederbonn-les-Bains. Uma rápida espiada no cardápio, com sua lagosta Thermidor e seu tournedos Rossini, me convenceu a ir rapidamente para outro lugar. Encontramo-nos no Bristol, acreditando ser um bar de vinhos. E, surpreendentemente, era um salão elegante e claro, com um serviço habilidoso (Danièle Husser, a jovem mulher de Dominique, de uma família de donos de restaurantes de Cerf a Marlenheim; seu cunhado, Yvon Gautier, bretão formado em grandes escolas, *sommelier* experiente) e uma culinária fina, leve, etérea.

Não exporei aqui todos os detalhes da refeição, pois esse não é o objetivo. Mas foi preciso empregar as palavras certas. Para falar de um jovem supertalentoso no fogão, formado em grande escola, que fugira dos moldes da época, aprendera a profissão com Haeberlin, Chapel, Lenôtre, Senderens (que o chamava de "Jesus", porque ele tinha uma barba rala e cara de anjo – e não mudou muito!), tive de usar os adjetivos exatos, as características precisas, paralelamente aos molhos fluidos e aos cozimentos leves de meu objeto de estudo. Porque, para ele, era o batismo de fogo, o primeiro "grande papel", que lançou sua carreira, o levou a Mônaco, à rua des Moulins, ao Castelo Eza, em Nice, ao Négresco, onde substituiu o fogoso Jacques Maximin – antes de ele jogar para o alto suas estrelas e se tornar dono de pousada em Meranda, em Nice, na rua de la Terrasse, uma pequena casa charmosa com banquinhos de palha, que não aceita cheque nem cartão de crédito, não faz reserva (salvo no lugar) e tampouco tem telefone.

As palavras precisaram ser exatas para transmitir uma emoção intacta. Achava que não deveria ser algo complicado, mas foi um texto que acabou permitindo que todos progredissem. E também que meus leitores se tornassem fiéis a Dominique e o acompanhassem em seus múltiplos percursos. Não acredito que o crítico tenha o poder de esvaziar salas de restaurantes – como antigamente Jean-Jacques Gautier, no *Figaro*, esvaziava teatros. Mas penso que ele pode ajudar a enchê-los por um tempo. As famosas provocações de Maurice Beaudoin, na *Figaro Magazine*, que se assemelham a zombarias, têm esse poder. Na blogosfera, as inquietações de Bruno Verjus – e, bem antes, o gênio do jovem chef Sven

Chartier – criaram um "boca a boca", permitindo que o Saturne, perto da Bolsa, situado atrás de uma fachada discreta, na rua Notre-Dame des Victoires, tivesse lotação completa desde a primeira semana de sua existência...

Palavras faladas voam, a escrita fica. Isso não é novidade. Quando Gault e Millau celebravam a Londres de antes do *big bang*, de antes da nova cozinha, uma Londres ainda conservada no *fog*, seus peixes e fritas, os odores de ovo com bacon, eles lembravam vivamente a glória dos Roux no Gavroche, ironizando o molho *gravy* do Simpson's in the Strand e fazendo elogios aos bois e cordeiros, "distintos" e de "sangue azul", do açougueiro Allen e aos "faisões evidentemente dourados" de seu vizinho John Bailly and Sons, no Mayfair. Eles compunham um quadro heterogêneo, colorido, controverso, porém engraçado e muito delicioso, da capital inglesa.

Quando Robert Courtine, então articulista do *Monde*, descreveu, em *Mes Repas les plus étonnants* (Robert Laffont, 1973), os mais malucos banquetes – também pouco acessíveis e muito insólitos –, ele imaginou pratos lendários para fazer sonhar o indivíduo gourmand. Um jantar de gala (para celebrar o primeiro aniversário da morte de De Gaulle!) no Tour d'Argent, um falso *réveillon* (em 1º de abril) com Raymond Oliver no Grand Véfour, uma "courtinandise" (em outras palavras, uma cabeça de vitelo incrementada) à l'Archestrate com Alain Senderens ("Não seria mais a cortesanice?", pergunta com humor), um almoço bressan numa fazenda perto de Bourg, sob a neve ("o duro inverno desmanchava-se em avalanche"), transportavam-nos da realidade para o mito.

Escrever para fazer sonhar, certamente com minúcia, mas não sem calor, de modo compreensível, dando verdadeiros conselhos, explicando por meio do cardápio os modos e os pratos do momento, criticando também os ridículos da época, censurando as falsas glórias e os cozimentos fracassados, as alianças contra a natureza e os chefs que querem fazer bem, mas que não conseguem – é para isso que serve essa bela profissão de escrita, a do crítico gastronômico.

Dois açougueiros londrinos vistos por Gault & Millau

Quando Gault e Millau falam da Londres de 1977, eles se divertem como loucos ao lembrar de uma cidade exótica, de suas manias, tradições, defeitos e hábitos do passado. Mas foi ela quem deu a eles, dois concorrentes de Morand – seu mestre de estilo, que tanto amou Londres ("Londres é minha mascote; tudo que recebi dela me trouxe felicidade", dizia) –, sua obra-prima.

Essas duas pérolas a seguir foram consagradas aos dois principais açougues de Londres, situados quase lado a lado em Mayfair, na Charles Square, diante do Connaught. Deve-se dizer que Allen ainda existe, e que John Bailly and Sons, seu vizinho, foi substituído por uma loja de malas francesa (Goyard).

Allen, 117 Mount St.

Espécies de lordes de avental branco cortam bois e cordeiros em uma fina loja, a dois passos do Connaught, e são tão distintos, que ficaríamos tentados em dizer que corre sangue azul em suas veias. Os mordomos das grandes casas de Mayfair vêm trazer suas encomendas, com fisionomias de ministros plenipotenciários, e nós aconselhamos a vocês, se quiserem agradar aos funcionários da casa, que se vistam como se fossem a uma *garden party* da rainha quando vierem comprar costeletas de cordeiro, dignas de uma coroação e com tanta pompa, que por pouco não as colocamos na cabeça.

John Bailly and Sons, 116 Mount St.

Se a expressão "galinha de luxo" tem um significado, é bem a dessa loja que, desde 1820, é o Palácio de Buckingham das penas. Diante de extensas mesas e de paredes recobertas de gravuras e fotografias dos queridos desaparecidos – desaparecidos nas mais distintas panelas de Mayfair –, fica-se em dúvida. É uma loja de antiguidades, um escritório de curiosidades de um naturalista ou a loja de um heraldista?

Na vitrine, um faisão, obviamente dourado, levemente míope e um pouco curvado – como convém a um distinto inglês –, faz companhia a um galo da Escócia e a uma narceja, empalhada como eles e cuja manutenção não deixa a menor dúvida sobre a qualidade de suas origens. Só podem ter nascido no jardim de um duque ou de um barão e foram criados por um Holland and Holland. Os galos de John Bailly and Sons, arrumados em prateleiras imaculadas, têm um ar respeitoso e adormecido, de *gentlemen* sonolentos, em seu clube, antes da hora do chá, e percebe-se que, quando eram vivos, deviam apagar a luz antes de se prestarem as homenagens.

Os ovos, apresentados em cestinhas, tampouco podem ser vulgares. Eles exigem bandeja de prata, toalhas de renda e porta-ovos brasonados.

Uma poética do ovo estrelado

A arte de falar sobre tudo de maneira divertida e gostosa, atraindo os clientes – essa é a contribuição da crítica moderna, da qual Henri Gault e Christian foram e continuam sendo os mestres. Eles aprenderam a ver, sabiam viajar, redigiam para a *Opera*, junto com Roger Nimier, ou para a *Paris-Presse* artigos muito sérios, eram capazes de discutir literatura e turismo com a mesma segurança, ironia e fineza, ainda que o gosto deles em arte, suas opiniões políticas e suas opiniões sobre o assunto do momento fossem completamente divergentes.

Eles reinventaram, à maneira deles, um estilo, inspirado, sem dúvida alguma, no legado de Grimod de la Reynière (no final do século XVIII e início do XIX) e de seu *Almanach des Gourmands*, do qual falaremos posteriormente. Eram capazes de discorrer tanto sobre o setor da restauração (como vimos no capítulo anterior) quanto sobre os sapateiros, os cabelereiros, os papeleiros, os curtumeiros, os joalheiros... em resumo, todos os campos do homem e da mulher modernos. Eloquentes sobre os hotéis, onde exerciam vivamente sua maldade feroz e aguerrida ("Imenso, pomposo, pretensioso: a estação de Lyon em um dia de greve"), escreviam a respeito da Grosvenor House londrina ou "O tédio, em forte dose, suja os muros desses espaços imensos onde é impossível não cochilar, mesmo andando" (a respeito de seu vizinho Park Lane). Raramente eram pegos de surpresa.

E sabe qual foi a pérola deles sobre o modo minimalista? Foi a conduta em geral com a Rotisserie Périgourdine, restaurante então famoso pelo seu classicismo retrógrado e as excessivas pretensões, situado na praça St. Michel, n. 2, em frente ao rio Sena, ao qual atribuem um generoso 4 sobre 20 no *Guide Julliard de Paris* de 1970, com um comentário lacônico e hilariante em sua brusca brevidade: "Nunca mais falaremos mal. É o pior restaurante de Paris, é o pior restaurante de Paris... É o mais... É o mais... É o... é o melhor restaurante de Paris, é o melhor restaurante de Paris...".

Mas, quase sempre, eles procuram justificar seus aborrecimentos, com uma mistura de precisão, ironia e compunção próprias. Assim, quando Henri Gault publica, em 1995, um *Guia dos restaurantes estranhos de Paris,* que foi de certa forma seu canto do cisne (faleceu quatro anos depois), ele não hesita em deixar claras suas preferências: coloca no topo da hierarquia transalpina uma trattoria bonitinha de Buttes Chaumont (Chez Vincent, rua do Tunnel, "cuja fachada gasta e a decoração miserável podem servir de repelente"), à qual dá a nota 16 sobre 20, enquanto, por exemplo, dá apenas 13 a uma instituição como o Grand Venise ("Um luxo ostentatório", cujos pratos "são pomposos, generosos, inegavelmente bem sucedidos").

Sabemos que Henri Gault era mais gentil do que desagradável, mais sensível com si mesmo do que duro com os outros, capaz de derramar uma lágrima de emoção diante do bolo de fígado de Alain Chapel (lembrem-se de "Apreciadores da boa mesa, de joelhos: Chapel é uma catedral").

Jean Ferniot, que foi cronista gastronômico no *Express* com o pseudônimo "Meu Tio", ao mesmo tempo que cultivava o jornalismo político como uma bela arte, publica *Carnet de croûte* (Robert Laffont, 1980), que se assemelha a uma antologia sobre as virtudes regionais e gastronômicas das regiões francesas, sua riqueza, a diversidade do patrimônio, o ecletismo de seu talento, sua generosidade. Ferniot, de bigode risonho e lábio guloso, passeia entre Picardie, Artois e Flandres, instigando o alho-poró e a cebola, entretendo-se na Champagne, com um pé de porco em Sainte-Menehould – este, segundo a lenda, causou a prisão de Luís XVI, reconhecido na hospedaria Soleil d'Or, ao degustá-lo, por ocasião de sua fuga de Varennes –, e abençoando o vinho amarelo no Franco-Condado, como o pequeno aligoté de Borgonha.

A poética do ovo estrelado, que cada crítico, digno desse nome, tem orgulho de trazer consigo, ninguém a praticou melhor do que Ferniot, pelo menos com tanto entusiasmo, calor e sinceridade, um cronista político que se tornou o mais virtuoso dos gastrônomos. Ele percorre o vale do Loire em companhia de Albert Augereau, príncipe de Anjou e da manteiga branca, discorre sobre o arenque na Normandia, pelo lado de Fécamp ou Dieppe, o alho da Provença, o gratinado de batatas com alho no Dauphiné, o aligor em Aubrac, a garbure (sopa espessa feita com pão de centeio, repolho, toucinho e *confit* de ganso) em Béarn, o Bäckeofe (ensopado com várias carnes, cozido lentamente no forno) na Alsácia, o toro (a sopa dos pescadores de St. Jean de Luz) no país basco. Ele entoa a saga dos bons chefs, defendendo suas regiões e encerra com esse grito do coração: "É impossível amar a cozinha sem amar aqueles que a fazem". E defende também os escargots, os mexilhões de viveiro, as rãs, os cogumelos, as ostras, o cordeiro, o presunto em todas suas formas, o cervelat (embutido de carne de porco ou de peixes e frutos do mar) e a linguiça quente, a ave ou batata, seja ela *ratte, grenaille, bintje, roseval ou vitelotte.*

Da mesma forma, Robert Courtine, que manteve uma coluna durante anos no *Monde* com o pseudônimo La Reynière – Jacques Fauvet o qualificava ironicamente como "nosso melhor colaborador" –, relata suas emoções e histórias de culinária, mesmo inalteradas (tinha a reputação, no fim de sua vida e mesmo um pouco antes, de fazer apenas o trecho entre Paris e Vichy, que devia lhe suscitar lembranças do tempo da guerra, parando no Bézards, em Boismorand, perto de Nevers, no Renaissance de Magny-Cours, e no hotel de

UMA POÉTICA DO OVO ESTRELADO

Paris em Moulins, antes de fazer seu tratamento na própria Vichy), no livro *Autour d'un plat*, ilustrado pelo seu desenhista fetiche, Desclozeau (Edições Le Monde, 1990).

Ele festeja nessas ocasiões os abates, citando Rabelais ("tudo pela tripa!"), elogia o coelho recheado com ameixas de Jean Gabin, celebra o pombo André Malraux, criado por René Lasserre:

> Limpo por dentro, depois desossado do lado da coluna, é temperado e, então, recheado com uma mistura grosseiramente cortada de toucinho gordo fresco em cubos, derretido na panela com échalotes picadas, tomilho, louro, sal, pimenta, especiarias, o fígado do animal, cogumelos em cubos passados na frigideira, foie gras de pato, salsifis cozidos e igualmente cortados em cubos. Os pombos recheados, reconstituídos e amarrados são cozidos no forno por vinte minutos na grelha com uma manteiga de nozes. Essa grelha será demolhada com vinho branco seco e um pouquinho de xerez.

Com Courtine (aliás, La Reynière), o crítico gastronômico tornou-se historiador (especialista na gênese do carpaccio, criada por Giuseppe Cipriani, do Harry's Bar, em Veneza, para a condessa Nani Mocenigo, que não suportava comer as carnes cozidas e que teve a ideia de cortar o filé de boi em fatias extrafinas arrumadas no prato e cobertas de maionese diluída no molho Worcester, de ketchup, de uma gota de conhaque), convincente em todas as cozinhas (sobre welsh rarebit, mouclade – um ensopado cremoso de mariscos com açafrão –, zarzuela, lagostins fritos ou pato laqueado), e também um conselheiro culinário para as famílias. Os ovos pochés, quentes, mexidos, lhe arrancam remanescentes lembranças, como "Nada de mais simples e de mais delicado, porém a tira do miolo do pão de forma deve ser finamente cortada, levemente tostada e aquecida, com manteiga, enrolada em ervas picadas...".

Irascível, sempre de bem consigo próprio (ao embaixador de Israel, que estava ao seu lado por ocasião de uma refeição organizada no Laurent pelo diretor Edmond Ehrlich e que lhe perguntou: "O senhor trabalha no *Monde*, portanto deve ser socialista?", ele respondeu orgulhosamente: "Nacional-socialista"), esse antigo colega de fuga de Otto Abetz e de Louis-Ferdinand Céline em Sigmaringen, que cumprira seis anos de prisão em Clervaux após a guerra, se reconvertera à imprensa gastronômica, porque as outras categorias lhe eram proibidas. No entanto, criou um estilo. Ele manteve durante quarenta anos sua coluna no *Monde*, com uma peculiar capacidade de relatar, de inventariar, de explicar e de aconselhar. Viajava quase apenas através dos livros, reinventando a "França das regiões" (título de um de seus livros) com as receitas enviadas pelos chefs de todo o interior do país. Mas ele possuía uma cultura variada, nutrida por mil livros (foi autor especialmente de *Balzac à mesa* e *Os cadernos de receita de madame Maigret*), possuindo um sentido de escrita persuasiva e variada... e também de pedagogia ativa. Ele compreendera que a crítica gastronômica só tinha a ganhar saindo de seu registro habitual.

Como dizia Jacques Chardonne sobre o amor (que "é muito mais do que amor"), a crítica gastronômica é, naturalmente, alegoria da defesa do consumidor, romance da vida, história de todo dia, poesia do cotidiano e olhar claro sobre qualquer coisa.

Viva o prato único!

Cronista culinário do *Express*, com o pseudônimo "Meu Tio", adepto declarado de uma cozinha ligada às regiões, desvencilhando-se das modas e dos caprichos citadinos, exaltando os pratos emblemáticos de todas as regiões francesas, Jean Ferniot soube emocionar, em seu *Carnet de croûte*, com uma bela ode ao prato único. Vamos lê-lo:

O jantar de Luís XV e da marquesa de Pompadour era composto de quatro operações, de oito antepastos, de quatro grandes e quatro médias entradas, de oito assados, de quatro saladas, de oito sobremesas quentes e quatro frias.

Nessa época, os nobres podiam se regalar mesmo na prisão. Marmontel conta que um dia foi servir na Bastilha, aonde tinha levado alguns panfletos, "uma excelente sopa, uma fatia de carne suculenta, uma coxa de capão com caldo de gordura em fusão, um pequeno prato de alcachofras fritas marinadas, um espinafre, uma bela pera de Cézanne, uva fresca, uma garrafa de vinho velho de Borgonha e o melhor café de Moka".

Um século mais tarde, enquanto a burguesia triunfante conquistara a mesa, com dinheiro, as refeições continuavam copiosas, como provam os cardápios dos grandes restaurantes parisienses dos anos 1900.

Portanto, à medida que a alimentação se democratizava, o número de pratos diminuía, como se, sob o Antigo Regime, uma espécie de equilíbrio de preços e calorias procurasse se estabelecer entre o que era consumido pela aristocracia e pelo plebeu.

Este, quando o dinheiro permitia, comia produtos de sua região. Com pratos rústicos, nos átrios dos lugarejos, constituíam-se as sólidas bases da cozinha francesa, que, graças a isso, continua (e continuará, se ficarmos atentos a isso, porque todas as condições estão presentes) tão diversificada quanto os grupos humanos desse país cheio de charme e sem unidade.

Essa cozinha, o maravilhoso Joseph Delteil, um dos escritores mais cativantes e menos conhecidos de nossa literatura contemporânea, chamava de "paleolítica". Ele dizia ter conhecido, em sua infância languedociana, somente três pratos: a sopa, o ensopado e o assado. E exclamava: "Portanto, viva o prato único!".

Sim, viva o prato único, das choupanas, e não dos castelos, para os quais nos conduz a evolução das coisas: prato econômico muitas vezes, prato dietético mais raramente, prato saboroso sempre, prato "convivial".

No começo, poderíamos dizer, parodiando com irreverência o evangelho, era o guisado, com seu molho saboroso que revigorava, suas carnes e seus legumes, o pot-au-feu, do qual Marinette, de Jules Renard, dizia: "Tudo isso vale um ministério".

De Dunquerque a Perpignan, de Brest a Estrasburgo, um grande prato único: três em um. E depois todo o cortejo dos belos sucessos regionais são autossuficientes pela variedade de seus componentes.

Precisamos antecipar, com uma série de "serviços", um chucrute dourado em que se inserem os mármores do joelho de porco e do toucinho, o âmbar das linguiças, o ébano do boudin e das knepfles; um cassoulet em que fervem em fogo brando, na fusão inebriante dos feijões vindos de Lavelanet e de Pamiers, a conserva da Gasconha e a linguiça de Toulouse; uma bouillabaisse que, com algumas precauções de estilo, é para o peixe o que o pot-au-feu é para a carne, e que é percebido pelo nariz bem antes de chegar à boca; um ensopado de carne com vinho tinto quente ou frio em que brilham, cúmplices em seu molho untuoso e geleia cristalina, cenouras e cebolas; um ensopado que sabe ser performático, tido como irrealizável, capaz de acabar com a insipidez da vitela e dando-lhe gosto?

O prato único, francês ou mesmo vindo do exterior (cuscuz, paella, bortsch, gulash), é principalmente aquele que, na minha opinião, desperta o apetite e é ao mesmo tempo um meio de satisfazê-lo, sem necessidade de recorrer a outras ajudas.

Para que serve aguçar meu apetite com o prodigioso perfume das tripas à moda de Caen, vindo de profundas lembranças; ou aquele, menos rabelaisiano, mais ligeiramente azedo, que dá água na boca da mesma maneira, da vitela marengo, ou o perfume camponês, que lembra o fogão onde a panela cantarola em cima do fogo de lenha, do salgado de lentilhas? Sim, para que atiçar meu olfato se meu estômago não é mais capaz, tendo absorvido algumas "entradas", de ir além de uma minúscula porção?

Que me deem bäckeofe, ou cabeça de vitelo, ou waterzoï, ou boi bourguignon, e nada mais, mas que me deem uma vez, duas vezes, três vezes, tantas vezes eu tiver vontade. E estou certo que, apesar de tudo, um pequeno lugar ficará reservado para o queijo. [...]

Carnet de croûte, le Tour de France d'un gastronome, de Jean Ferniot (Robert Laffont, 1980).

Fazer sonhar, dar água na boca 12

Fazer sonhar, dar água na boca, tornar possível e proporcionar a boa comida, propiciar o doce e prazeroso sonho, dar asas à imaginação – essas são algumas das tarefas evidentes da crítica gastronômica. Jovem leitor sem dinheiro, ávido de descobertas, estudante "liso", lembro-me ter ficado "vidrado no *Gault & Millau*", tendo a ilusão de descobrir todos os grandes chefs, estrelas de seus tempos, os Bocuse, os Outhier, os Guérard, os Chapel, os Delaveyne, os Manière, os Clerc, os Daguin, em suas casas suntuosas ou barrocas, por meio dos textos aéreos, zelosos, breves, refinados, harmoniosos, eloquentes, engraçados, cheios de inspiração.

O crítico digno desse nome é, naturalmente, aquele que sabe dar água na boca a seu leitor. Aquele que lhe apresenta, o faz comer com o espírito – e com espírito, o que não é a mesma coisa. Permite-lhe imaginar e sonhar, incitando-o a sair do seu casulo, ir em direção aos outros, quebrar seu cofrinho nos lugares impossíveis, viajar, mesmo na imaginação, em direção ao longínquo. Citei alguns dos chefs que, nos anos 1980, foram os mestres da época. Alguns já faleceram, outros se aposentaram. Outros, ao contrário, ainda estão por aí, atuantes. Alguns tornaram-se meus amigos, meus tios postiços, padrinhos ocasionais. A capacidade deles de fazer sonhar, dar água na boca, imaginar, não desapareceu.

O crítico é ao mesmo tempo aquele que elogia e aquele que importuna. E tudo ao mesmo tempo. Aquele que fornece a grade de explicação ou o código de acesso aos prazeres que confere. É preciso saber escolher as palavras para, como se diz, acertar a mira. "Uma pessoa que faz duas horas de estrada por um prato de legumes é um 'gourmand' conforme o entendemos", observava Christian Millau a respeito de Marc Meneau, na Espérance, de Saint-Père-sous-Vézelay, que o havia surpreendido com uma simples, porém emocionante, fritada de ervilhas deliciosas, acrescidas de cenouras, como uma jardineira de legumes. Isso foi há mais de vinte anos – os legumes, o natural, não estavam ainda na moda... pelo menos, ainda não eram a panaceia. E Marc Meneau, que tinha 18 sobre 20 e três toques de chef, passou, então, para 19 e quatro toques – numa época em que isso ainda tinha sentido, em que essa classificação era ao mesmo tempo respeitada e seguida.

A inflação das notas (chegaram até 20 sobre 20 para Marc Veyrat, que ria de si próprio, mas nem Christian Millau nem Henri Gault estavam mais presentes para perceber e ficar ofendidos com isso) e a proliferação dos chefs e dos talentos multiplicaram mais e mais os superlativos, provocando rivalidades. Os últimos gênios na moda foram encontrados na Espanha (Ferran Adrià, no El Bulli, de Roses), na Inglaterra (Heston Blumenthal, no Fat Duck, de Bray on Thames), na Califórnia (Thomas Keller, do French Laundry, em Yountville, no Napa Valley) e na Dinamarca (René Redzepi, do Noma, em Copenhague), sem esquecer a Austrália (Tetsuya Wakuda, no Tetsuya's, em Sidney) ou a Itália (Nadia Santini, do Dal Pescatore, em Canneto-sul--Oglio) ou a Bélgica (Peter Gossens, no Hof Van Cleve, de Kruishoutem) ou Luxemburgo (com Ilario Mosconi, do Mosconi, e de Mi&Ti, em Luxembourg-Ville).

Era e é para fazer sonhar. Dar a ilusão de se liberar sonhando, um incitamento à viagem gastronômica, mesmo imóvel. E, para isso, todos os meios, todos os superlativos, todas as injunções, todos os panegíricos são válidos. Aquele que nunca pecou que jogue a primeira pedra. Para *Le Point* – e não me arrependo de nada –, coloquei um título no início da onda do El Bulli (era em 1977): "os feiticeiros de Roses". A respeito de Heston, do Fat Duck: "A magia Blumenthal". Sobre Thomas Keller: "O futuro Robuchon é americano". E me vi criticado por Alain Ducasse – isso porque meu título e meu artigo foram reproduzidos na *Gourmet US* –, que me repreendeu: "Se você começar a dizer que os estrangeiros são melhores do que nós, os cozinheiros franceses vão perder seus lugares". Eu cometera um crime "antipátria"!

Para Tetsuya, de Sidney, simplesmente intitulei "A bomba australiana", observando anteriormente: "Estrela gastronômica do novo mundo, de origem nipônica, mas com influência francesa, Tetsuya Wakuda vale a viagem a Sidney". Para Nadia Santini, decretei apenas: "A melhor cozinheira do mundo". Para Peter Gossens, fui sóbrio – "o maestro de Flandres" –, mas acrescentei no final: "É uma das melhores mesas da Europa, ainda que seu maestro aja com uma discrição que se confunde com uma hábil ingenuidade". Finalmente, para o ítalo-luxemburguês Mosconi, observei que era "a melhor cozinha italiana fora da Itália", e continuei: "Sonhamos em realizar a viagem Paris-Luxemburgo (agora, 02h10) para o patê de fígado de galinha com creme de trufa branca e polenta assada, os espaguetes à la guitarra com mozarela e ervas aromáticas, ou as trennettes de atum, palourde (molusco semelhante ao vôngole), alcaparras de Pantellaria e poutargue (ova de peixe) de Muggine".

A finalidade, o leitor já compreendeu: estimulá-lo a fazer a mala, reunir as economias e partir para uma viagem que pareça a realização de um sonho. Ou simplesmente fazer sonhar, dar vontade, atrair. Esse é o verdadeiro papel do crítico gastronômico: incitar o gourmet, seu leitor, seu semelhante, seu irmão, a fazer uma loucura razoável, provocando nele a vontade do momento. Dar-lhe água na boca, mas fortemente racional. Incitá-lo a sair de seu casulo, quebrar o ritmo de seus hábitos, fazendo com que descubra os loucos geniais que, nos quatro cantos do mundo, valem a viagem, a etapa serena e a degustação refletida e séria.

Thomas, o californiano, e Ferran, o catalão: dois mundos a serem descobertos

Apresento dois artigos meus que foram publicados na *Le Point*, apresentando, em *avant-première* à França, dois grandes chefs com grande futuro. Thomas Keller, na época à frente da French Laundry, de Yountville, ia abrir Per Se, em Nova York, e assim tornar-se o primeiro chef estrangeiro (nesse caso, americano nos Estados Unidos, o que não é muito comum) a obter duas vezes três estrelas (depois de Ducasse, Veyrat e Robuchon, mas também de Mae Brazier). Finalmente, El Bulli, quando seus dois duetistas – Ferran Adrià, o chef, e Juli Soler, o homem de salão – ainda não haviam conhecido a glória planetária...

O novo Robuchon é americano (*Le Point*, 27 de março de 1999)

Tudo começa suavemente, com um fino tartar de salmão servido em cones, um creme de pimentão e um outro de erva-doce, em uma travessa branca, um miniblini de batatas de Yukon com caviar de berinjela, manteiga de tomate e conserva de pimentões, sorbet de erva-doce com tapenade, telha com estragão.

As porções são liliputianas. O *sommelier* parece um estudante de Harvard. O *maître d'hotel*? Um veterano francês – único da espécie –, treinado no Tour d'Argent. Os fregueses? Noventa por cento de americanos, que reservam suas mesas, pontualmente, com dois meses de antecedência. O lugar? Um simples galpão de pedra e madeira, ex-prostíbulo, depois lavanderia francesa, daí seu nome, na época da construção da ferrovia do Wine County. Estamos no coração do Napa Valley, a dois passos de Mondavi e de Niebaum-Coppola, de suas adegas equipadas com os meios mais modernos para fabricar vinhos de alta classe. Faltava uma cozinha de prestígio. Eis que surge a French Laundry, do grande Thomas Keller. Quarenta e quatro anos, formado em Nova York, no Polo de Westbury, passou, graças a Jeremy Archer, começando na escola de cozinha Ritz-Escoffier, em Paris, por Savoy, Besson e Taillevent. Thomas manteve Raquel em Nova York e, depois, abriu um restaurante em Los Angeles, estando instalado há cinco anos em Yountville.

Natural da Califórnia, volta às suas origens. Não abandona sua culinária, recusa as mais extravagantes propostas, e, quando o assunto é ampliar, pensa, ao contrário, em servir menos refeições. À noite, somente durante a semana, para 60 lugares, com um segundo turno de um terço, após às 21h30, ele trabalha com lotação esgotada.

Na louça (assinada Bernardaud), apenas a arte comprovada: jogos com sabores, cores, consistências, mas sem os alardes decorativos da cozinha californiana, nem as misturas étnicas em voga. Lembramos, pela criação e pelas miniporções, do catalão Ferran Adrià, do El Bulli; pelo rigor, do Robuchon mais recente; pelo espírito solitário, de Girardet. As referências não são fracas.

Basta provar as ostras pochés com tapioca e caviar (textura de "pérolas"), a panna cotta de caviar e geleia de ostras com couve-flor, de inspiração robuchoniana, a posta de salmão com trufas e nhoque, bochecha de bacalhau com ratatouille, enguia com legumes, molho de soja, o pudim de medula ou numa casca de ovo, a trufa branca e a trufa preta, a salada de alcachofra com seu vinagrete de alcachofra, os ravioli de ricota com feijões-brancos e trufa, o fígado de ganso com seus nabos e sua geleia de pera, a lagosta com beterrabas e ravioli de alho-poró, o bacalhau com uma batata na brasa com couve, a outra cozida no vapor, a costeleta e o rabo de lebre com couve trufada, o sorbet de maracujá com arroz preto, creme baunilha, e finalmente a banana assada com bolo de musse de chocolate, acompanhado por um sauvignon branco Selene, Chardonnay Patz & Hall e um cabernet-merlot Dominus de Christian Moueix, dignos de nossas grandes safras.

Qual será nosso futuro se um dos melhores chefs do mundo é americano?

Os feiticeiros de Roses (*Le Point*, 28 de junho de 1997)

A estrada é impossível, parece levar a lugar nenhum. Toda afundada, coleciona buracos e lombadas. Ela é rodeada por construções modernas. Cadaquès e Girone não ficam longe dali. Aqui, apenas um painel mal colocado na árvore indica o nome do lugar: Cala Montjoi.

Não é uma brincadeira de mau gosto. De nada adianta reclamar contra aqueles que nos trouxeram até aqui, começando pelo guia Michelin, que atribuiu três estrelas ao El Bulli ("o touro", em sua versão espanhola), o terceiro estabelecimento a obter essa distinção após o basco Arzac, em San Sebastian, e Santi Santamaria, outro catalão, do El Raco de Can Fabès, em San Celoni. Mas seria El Bulli realmente catalão, apesar da admirável paisagem marinha e litorânea que se abre no final do passeio?

É mais um óvni, um meteorito gourmet vindo de outro planeta. A cozinha não é incompreensível, porém é diferente. Seus artesãos: Juli Soler, o administrador, *maître d'hotel*, relações-públicas, com um físico de *bel Hidalgo*; Ferran Adrià, o cozinheiro criador, espanhol, formado em seu país, porém que viu tudo por aí – conhece Bras, Roellinger, Veyrat, Passard, Gagnaire e os outros cozinheiros franceses "movidos" pela inspiração.

Sua cozinha futurista, insólita, desconcertante, surreal, que é característica do país de Miró, Picasso e do vizinho Dali, deve alguma coisa a esses últimos? De jeito nenhum, ou quase. Adrià compreendeu, esbarrando no gosto dos outros, que poderia facilmente criar à sua maneira. O resultado são seus pratos, que não são nem regionais, nem de raízes, mas planetários e bem contemporâneos, em que o frio prevalece sobre o quente e, sobretudo, o ensopado. Eles se revelam em uma incrível série de pequenos pratos, constituindo um cardápio degustação para o gourmet francês, habituados com restaurantes estrelados, de preço perfeito, ou pelo menos de preço não excessivo.

Desse modo, o tempura com pistache, o sorvete de parmesão com telhas do mesmo queijo, o flã de foie gras com souflê de milho, os ovos de codorna caramelizados, a espuma defumada – que nada mais é do que a água do mar passada no sifão depois no defumador –, servida com croûtons e azeite de oliva (a impressão é de estar engolindo ar, e a sensação é deliciosa), o queijo branco com caldo de xerez, a geleia de ervilhas com presunto e maracujá, a trufa atomatada com geleia de leite, o omelete de alcachofra frito com baunilha, as sardinhas com tagliatelle de manga, a sopa de bacalhau com cebolas em conserva (admirável, quase rústica), o ravioli de coco seco, soja e junípero, os lagostins com cogumelos e azeitonas, ovos nevados com cogumelos, frutos do mar com geleia de água do mar e framboesas salgadas, os peixes-vermelhos com água de pistache, o flã de medula de caviar com purê de couve-flor. E, finalmente, do lado dos doces, o sorvete de baunilha com abacaxi caramelizado, o chocolate com sopa de chocolate. Acrescente a tudo isso ótimos vinhos da Espanha, como o chardonnay Gran Cais, o rioja Contino Gracinao, o tinto Pesquera, ou ainda, para as sobremesas, o banyuls rimage do vizinho André Parcé, da Catalunha francesa, um de seus fãs incondicionais, e o leitor compreenderá o que fazemos ali, em uma paisagem idílica da baía aberta para o mar, num cenário de *hacienda* rústica, uma refeição de grande classe.

Cozinha de laboratório? Sem dúvida alguma. Provocação? Provavelmente não. Porque os gostos são dosados, exatos, precisos, mesmo que às vezes exista um excesso de sabor (como esses supérfluos maracujás sobre a geleia de ervilhas) e que flãs ou geleias sejam presenças frequentes. Quanto ao resto, é uma cozinha de um criador como poucos. Os grandes cozinheiros franceses sabem muito bem disso, e realizam sua peregrinação aos feiticeiros de Roses, como faziam os religiosos ao caminho de Santiago de Compostela.

Desconhecido e tão célebre

13

Eu como pelo leitor, como em seu lugar. Asseguro a defesa do consumidor. Sou seu anteparo, escudo, segurança do coração, do corpo, da barriga, do paladar. Sou guia de prazeres. Em resumo, eu o represento junto a todos os estabelecimentos que visito. Abro a porta que tenho vontade de abrir para o leitor. Olho se tudo está direito, se o traje do garçom está em ordem, se o chão está limpo, se a mesa está bem posta, se o ar que se respira cheira bem.

Consulto os cardápios quando ainda estou do lado de fora. Observo e escolho, quase sempre, muito rapidamente. Pergunto-me quais seriam os pratos que o leitor escolheria. Na verdade, não faço a pergunta, eu os adivinho. Sou seu intérprete invisível junto ao serviço que o intima a pedir isso ou aquilo, às vezes sem seu pleno consentimento. Philippe Delerm fala, com muita justeza, em *Le Troittoir au soleil*

(Gallimard, 2011), do "pesadelo das três estrelas", desse estado de êxtase que devemos ter ou então simular. Há a pompa da decoração e do serviço, o *maître d'hotel* categórico, o *sommelier* que atordoa o cliente com sua ciência, os chefs que interrompem sem nenhuma cerimônia a conversa ao trazer os pratos.

Desconhecido, sou intérprete do leitor nessas impressionantes enrascadas. Por felicidade, circulo anonimamente. Pergunto-me: o que eu faria se essa fosse minha primeira refeição? Não hesito em escolher uma mesa que me agrade, e zombo do *sommelier* que quer me impor um vinho da região que está na moda. Languedoc ou vale do Rhône, embora um vinho do Loire me conviesse muito bem. Ou, dependendo do humor do dia, um bordeaux virtuoso, de sabor prolongado na boca, ou um borgonha sedutor, com seu bonito nariz framboesado, ainda com cheiro de mato, talvez fosse o mais indicado para minha refeição. A do leitor.

Sou seu intérprete. Faço como se o fosse. Tento saber tanto ou mais. Para desconcertar o adversário. Se me propõem um vinho gelado, logo determino: a 13 graus. Se for um pouco menos, peço, reclamo e exijo um balde de gelo. O leitor o teria pedido em meu lugar, não é? Nada mais faço do que antecipar seus desejos. Mas faço tudo isso amavelmente. Procuro não impor, não desagradar, enervar, irritar, desestabilizar o garçom, que pode pouco. Há quarenta anos, o campeão do gênero é meu colega Philippe Couderc, que esteve no *Minute* ("la Bonne Vie" era ele) e na *France Inter* e, atualmente, está no *Nouvel Observateur* e no *Challenge*. Ele está sempre criticando um serviço bem organizado.

Olha aí, ele acaba de chegar em boa companhia... estamos no Tablettes, de Jean-Louis Nomicos, do ex-chef de Lasserre e de la Grande Cascade, que tomou o lugar de Joël Robuchon na avenida Bugeaud, 16, no 16º distrito parisiense. Eis nosso amigo Philippe C., que aceita de bom grado a mesa que lhe é dada, no fundo do salão. Mas, assim que senta, reclama da iluminação intensa e de dar as costas para o salão, de estar encurralado entre duas outras mesas. Uma outra mesa lhe é proposta, redonda, ampla, no centro do recinto. Mas está muito exposta e muito iluminada. Então, uma outra em um recanto aconchegante. Mas fica um pouco distante do movimento das coisas...

E aí, ele se irrita. Sinto que, com oitenta anos, nosso amigo Philippe conserva a grande forma, com silhueta de jovem eterno, magreza de hipertenso, sorriso de "senhor nunca contente", que desempenha perfeitamente o papel de alguém que não aceita e nunca aceitará o jogo que lhe é proposto. E por que não? É um jogo como qualquer outro. E o leitor entendeu que desconhecido o crítico nunca realmente é.

Estamos no pátio-jardim do Plaza Athénée, e Denis Courtiade, o diretor do salão, que há vinte anos trabalha com Alain Ducasse (e há dez anos no Plaza), faz uma observação com um ar malicioso: "Olha, seu colega François Simon está lá no fundo, completamente incógnito". Em se tratando daquele que tenta se afirmar como o cavaleiro branco da profissão, com o rosto sempre escondido, disfarçado ou ausente, a coisa é engraçada, até mesmo cômica. Para dizer o mínimo.

O incógnito, falemos disso! Naturalmente, se ele existe, julgará o restaurante com uma discrição exemplar. Se ninguém o reconhece, ele será servido "como todo mundo", sem privilégios e talvez numa mesa ruim. E por que não exercer essa profissão com uma pitada de masoquismo, desempenhando o papel de "senhor qualquer um", como Louis de Funès no filme *Le Grand Restaurant*, que vai comer em seu próprio restaurante cuidadosamente disfarçado (inclusive com peruca) antes de confundir seus empregados pouco confiáveis e grosseiros? Mas a cozinha será a mesma, e o chef não se revestirá de um talento súbito, caso o crítico seja reconhecido. Ele não irá comprar, somente para o leitor ou para mim, um pedaço diferente, um linguado mais fresco, uma lagosta mais adequada, morangos sazonais.

Conheço, ao contrário, chefs que, diante de um crítico, célebre ou não, desestabilizam ou, simplesmente, entram em pânico, e acabam delegando a seus subalternos todas as tarefas, sem lhes revelar a presença de um inspetor-perturbador. Aliás, a visita de um crítico gastronômico a um restaurante poderia ser comparada à de um diretor escolar a uma classe com seu professor e alunos. Célebre ou desconhecido, o crítico deve conservar a discrição, a boa-fé, a faculdade de julgamento, a serenidade e, até mesmo, o rigor. Pode ser convidado ou não pelo chef – uma regra não estabelecida diz que os grandes restaurantes convidam os críticos enquanto os pequenos cobram as refeições. Como diz Paul Bocuse, "os grandes são grandes, e os pequenos são pequenos" – o julgamento deve permanecer objetivo.

Já aniquilei, arruinei, irritei, rebaixei algumas casas que me convidaram – mesmo casas com muita fama, outras com menos. Basta dar uma olhada no "Quoi de neuf?" do ano em que foi lançado o *Pudlo de Paris* para compreender e estabelecer a lista, que é longa (como Taillevent, no Spoon, e Lasserre, no Conti). Embora tenha honrado, honro e honrarei casas em que pago sem desconto (reconhecido ou não; como o excelente Casse-Noix, no 15º, o delicioso RAP, no 9º, ou ainda o sedutor Kunitoraya 2, no 1º, ou seja, um bistrô francês, um italiano e um japonês). Porque o que conta no julgamento crítico é unicamente a qualidade e a implantação da hierarquia das notas. A conta, independentemente do que pensamos, tem pouca importância. Porque, na verdade, nunca pago – é meu privilégio –: sou inteiramente reembolsado de minhas despesas, pelo *Point* evidentemente, mas também pela *DNA* e pelo *Républicain Lorrain*, sabendo que esse trabalho de formiga mexeriqueira e exploradora não se faz sem munições.

E, no entanto, o leitor conhece um crítico de teatro, música, cinema ou dança que pague sua entrada no espetáculo? Um crítico literário que pague os livros que resenha? O único editor que ousou cobrar por seus livros aos comentaristas, recusando-lhes o "serviço de imprensa", foi José Corti, o editor de Julien Gracq, autor de *Balcon en forêt* e de *La Littérature à l'estomac*, que, aliás, recusou o Prêmio Goncourt 1951 por *Le Rivage des Syrtes*. Mas quem conhece José Corti?

Desconhecido, célebre, anônimo, reconhecido, admirado, irritado, reembolsado, convidado, indenizado, o crítico profissional só deve satisfação a seus leitores. É a eles, queridos gourmets refinados, gourmands parcimoniosos, sábios glutões, que se dirige. E é para eles que trabalha. Seu papel: agradar e satisfazer, descrevendo detalhadamente, por meio do cardápio, os prazeres ou o inferno que esperam o leitor. Sua tarefa: ser preciso, honesto, claro, lúcido, pesar os prós e os contras, descrever o ambiente, o serviço, a recepção, a escolha dos vinhos, assim como a organização e a realização dos pratos. Em resumo, ficar no lugar do leitor; seja ele, por sua vez, célebre ou desconhecido, convidado por terceiros ou por alguém poderoso, esteja em uma refeição de negócios, de amor, de colegas ou de família.

O crítico gastronômico é um intérprete privilegiado, o homem que seleciona, escolhe, considera o montante da fatura, avalia se a famosa relação entre qualidade, preço e prazer é respeitada. Sem ela, não há anteparo, não há justiça, não há verdade. Ele é o guardião da sabedoria, o fiador presumido de noites bem-sucedidas.

As agruras da celebridade

Ser conhecido, apreciado, reconhecido, celebrado não é necessariamente uma tranquilidade. Como testemunham essas três anedotas graciosas, contadas sucessivamente – de maneira saborosa – por Robert Courtine (La Reynière), que manteve por quarenta anos a crônica culinária do *Monde*, e as no início de sua obra-confissão, *As minhas refeições mais surpreendentes* (Robert Laffont, 1973).

Todos nós colecionamos lembranças, e Curnonsky em primeiro lugar. Ele gostava de me contar que, antes da guerra, um dono de restaurante lionês o convidara a saborear sua "maravilhosa bouillabaisse". Marcaram uma data. Qual não foi sua surpresa ao (ele estava, creio, com Marcel Grancher) encontrar o salão repleto de uma multidão amotinada com uma faixa que dizia: "Essa noite, Curnonsky, o príncipe dos gastrônomos, saboreará nossa bouillabaisse"?

No meio do salão, um pódio cercado por cordas, como um ringue, continha uma mesa, duas cadeiras e dois lugares postos. O príncipe e seu camarada subiram, aos gritos de "bravo", e trouxeram-lhes a famosa bouillabaisse, como num zoológico. A brincadeira foi tão mal digerida quanto a referida bouillabaise, que era bem medíocre!

Estávamos também com Cur, certa noite em Montbard, éramos hóspedes de um bom chef que, cheio de salamaleques, como uma peça de Molière, nos garantiu que acabara de criar um prato para o príncipe. E, em seguida, nos trouxeram trutas. As infelizes criaturas tinham sido recheadas com patê de foie gras, e, cercadas por bananas fritas, resistiam a rodelas de laranja com mais resignação do que felicidade. Nós degustamos. Ou melhor, começamos a engolir. Cur, na outra ponta da mesa, exclamou, com seu sotaque, rolando os "r" como na região de Anjou: "Por Deus, meu rapaz! Isso é uma merda!".

Pela porta entreaberta, eu via, usando seu toque, o chef espiando nossa reação. Eu lamentava por ele, mas o príncipe tinha razão... ou quase, porque, de fato, a surpresa poderia ter sido menor!

Lembro-me de uma outra aventura. Um amigo comum, Georges Carpentier (campeão de boxe) e eu num albergue do subúrbio. O enorme patrão nos esperava, com toda sua família, diante de uma mesa florida: "Meu chef", diz, "é o rei do (molho) americano. Espero que vocês gostem de *lota* (peixe de água doce)".

Nós gostávamos. Nós amamos a *lota* quando ela é fresca, e o molho americano é comível. Carpentier, que só era brutal no ringue, murmurou delicadamente que "estava muito bom, mas que ele gostaria de beber algo"... para amenizar o fogo que o molho pusera em nossas bocas.

O homem, então, mandou abrir uma garrafa de vinho branco (uma garrafa para sete!), e nos serviu preciosamente; logo ficou claro que se tratava de uma grande safra da Borgonha. Ele chegou mesmo a falar poeticamente dessa velha garrafa. Que pena! Ele versejava melhor do que sua safra, porque o vinho se revelou de uma desprezível acidez. Em seguida, tivemos direito a um chucrute. O vegetal era sem gosto e aguado, mas o joelho de porco estava correto. Começamos a ficar contentes. Mas que nada! O joelho de porco era único, e o prato não passou de novo, com medo de que disputássemos o pedaço que sobrara! Não houve nem mesmo a possibilidade de nos vingarmos nos queijos: só havia um queijo, pequeno, bem pequeno, como se encolhido de medo de estar sendo tão disputado por tantos esfomeados...

Depois disso, e de uma sobremesa mais lamentável ainda do que o resto, o gordo albergueiro nos levou para ver "seu quarto mais bonito", aparelhado com uma cama redonda. E aí surgiram os fotógrafos locais, que metralharam Carpentier e este seu criado. Nossa foto apareceu na imprensa regional, emoldurando uma publicidade para esse albergue--baiuca cuja cozinha nos nocauteou desde o primeiro round!

Conhece-te a ti mesmo 14

Já disse várias vezes, mas reafirmo: eu escolho pelo leitor. E o vejo chegar: tudo depende do momento, da oportunidade, da estação, do tempo que está fazendo, dos convidados para a refeição. Sou aquele que responde a suas perguntas. Tipo: "Quero comemorar o aniversário do meu marido *tête-à-tête*, e você conhece o personagem – ele é muito guloso... Não liga para a decoração, gosta da cozinha franca e viva, exige produtos de boa qualidade e quer o restaurante que está na moda". Ou ainda: "Procuro um restaurante onde eu possa convidar oito pessoas para uma festa de família. Por favor, nada acima de R$ 150,00. E gostaria de um cenário simpático, num salão aconchegante".

Devo encontrar as palavras e o endereço para todo o mundo. Por mais que eu os encaminhe para meu guia, para o *blog*, para o aplicativo Pudlo, de iPhone, não adianta. É a mim que eles querem, com o endereço mais atual do qual todo mundo fala ou ao qual me refiro, o endereço que os porquinhos da moda ainda não destruíram. E há aqueles que querem que eu responda por eles. E também aqueles que não se incomodam em pechinchar usando meu nome, reivindicar uma mesa de difícil acesso, num lugar super-requisitado, onde está sempre repleto, no sábado à noite, por exemplo. Quantos telefonemas não recebi do Meurice, de Ledoyen, indicando-me que "meu primo ou minha prima" tinham telefonado em meu nome. E quantos primos tenho?

Sei também que sirvo para isso. Eu abro as portas. Meu nome é um "abre-te sésamo". Quando uma casa está com suas reservas esgotadas para a noite ou o almoço, às vezes deixo meu nome. E às vezes me chamam imediatamente, ou no mesmo dia ou no dia seguinte, para me dizer que lugares foram liberados. Queria saber como fazem isso. Se acrescentam uma mesa, se afastam as paredes ou se, como Joël Robuchon me contou ironicamente, na época do Jamin, da rua Longchamp, "anularam uma mesa de japonês". Não abuso. Porque não sou do tipo de "roubar mesas" de um restaurante no momento em que ele precisa delas. Mas, no entanto, sou como o leitor: pode ser necessário fazer pressão por uma mesa em que esteja há muito tempo na lista de espera, de fazer duas ou três reservas para ter a certeza de conseguir uma.

Assim, o Astrance, que tem apenas 22 mesas e fica sempre lotado com dois meses de antecedência, fecha aos sábados, aos domingos e às segundas, do final de fevereiro ao início de março, no mês de agosto, nas férias de Natal... e oferece apenas um cardápio degustação – delicioso, é verdade, mas é pegar ou largar. No dia em que telefonarem para o leitor para dizer que sua reserva foi aceita, que o estão esperando – com prazer, etc. –, nesse dia, o leitor deve estar suficientemente com fome para o festival de dezenas de excelentes pequenos pratos e grandes ensopados em um salão maravilhoso. Mas o Astrance é uma exceção. Junto a algumas outras, do mesmo estilo, como Yamtcha, de Adeline Grattard, ou Spring, de David Rose, todos em Paris, onde o boca a boca é tão intenso que faz que a espera seja longa. E aí, desculpe-me, não posso fazer nada pelo leitor.

Mas trata-se de conhecer a si mesmo, como dizia no início, de saber o que se deseja. Esta noite ou esta tarde, ou amanhã, ou na próxima semana ou ainda neste fim de semana, o leitor procurará o restaurante japonês do momento, o excelente italiano, o chinês da moda, o pequeno vietnamita discreto – e perfeito – ou o bistrô gastronômico onde todo mundo se diverte. Em Paris, o Ami Jean (rua Malar), o Itinéraires (rua de Pontoise), o La Régalade (rua Jean Moulin e rua Saint-Honoré), o Comptoir du Relais (no Odéon) ou o Entredgeu (rua Laugier) monopolizam as honras das crônicas. E estou esquecendo o Pantruche, o Grenouille, o Beurre Noisette, o Hier et Aujourd'hui, o Vieux Chêne, o Casse-Noix, o Chez Michel, o Bouchon e o Assiette, todos merecedores de aplausos, de contínuos elogios, de comentários sobre a fineza sob uma aparência modesta, a boa relação qualidade/preço, o jeito deles de proporcionar prazer sem arruinar ninguém.

O cenário tem pouca importância. "Não vim comer as cortinas", dizia Curnonsky, que afirmava de bom grado seu amor pelos "pequenos espaços". O intenso barulho ambiente, a ausência de toalhas e a promiscuidade são características comuns a muitos deles. Mas que importância isso tem? O essencial é que muitos possam se divertir sem precisar quebrar o cofrinho; comer bem, por um bom preço ou, pelo menos, por um preço justo; os vinhos cuidadosamente escolhidos; o serviço cúmplice; o cardápio renovado; os produtos frescos e de época. Ou seja, que, por um momento, sejamos felizes. "A mesa é o único lugar onde nunca nos entediamos durante a primeira hora", observava Brillat-Savarin.

Os ilustres antecessores 15

A palavra "gastronomia" surgiu tardiamente na França, vindo do grego para "lei da barriga". É vista pela primeira vez nos primórdios do século XIX, no livro de Joseph Berchoux, de 1801, *A gastronomia ou o camponês à mesa*, longo poema didático com quatro cantos, que discorre sobre a cozinha dos antigos, assim como dos prazeres mais modernos, e se apresenta como paródia de *A astronomia*, poema de três cantos de Gudin de la Brenellerie, e de *O camponês*, que devemos ao abade Delille. Berchoux celebra as virtudes da gulodice ao natural, da alegria que oferecem os prazeres do paladar bem pensados e bem concebidos.

Ele começa de maneira enfática:

> Canto ao homem à mesa, e direi à maneira
> De embelezar uma refeição: eu direi o segredo
> De aumentar os prazeres de um agradável banquete
> De consolidar a amizade, de se deleitar sem fim...

E termina com um divertido e breve aforismo: "Um poema nunca valeu um jantar".

A palavra "gastrônomo", designando o especialista em prazeres da mesa, surge em 1803, no título do pequeno volume de Simon Célestin Croze-Magnan: *O gastrônomo em Paris, epístola ao autor da Gastronomia*, que constitui uma resposta espiritual a Berchoux. Por fim, a palavra "gastronomia" é introduzida no *Dictionnaire de l'Académie*, em 1835. Mas o primeiro crítico da história, artista gastrônomo, "gourmand cavalheiro" ou "burguês gastrônomo", para reproduzir as fórmulas de seu biógrafo Ned Rival,[6] chama-se Alexandre-Balthazar-Laurent Grimod de la Reynière (1758-1838).

Esse filho de um coletor de imposto, cargo que percorreu três gerações, e da aristocrata Suzanne de Charente, filha do marquês D'Orgeval, nasce aleijado – no lugar das mãos, tocos que terminam em garras e pés de galinha. Um mecânico suíço inventou mãos artificiais para ele, escondidas por luvas. Sempre em desavença com os pais, ele censura o pai pela riqueza – mandará construir na avenida Champs-Elysées a mais bonita e mais rica mansão de Paris – e a mãe pelos numerosos amantes. Ele estuda direito e escolhe o tribunal em vez da magistratura – pensa que, assim, poderá defender o pai e não condená-lo –, apaixona-se pelo teatro, tornando-se crítico no *Journal des Théâtres*.

---

6 Ned Rival. *Grimod de la Reynière, le Gourmand Gentilhomme*. Paris: Le Pré aux Clercs, 1983.

Grimod fica conhecido por seus primeiros jantares extravagantes, como o do dia 1º de fevereiro de 1783, ocorrido no hotel de seus pais – na ausência destes, mas em presença de toda Paris –, com um estranho ritual fúnebre, que inspira Huysmans e seu herói Des Esseintes em *Ao avesso*. Na entrada do hotel, na avenida Champs-Elysées, encontram-se dois seguranças armados, que exigem o convite redigido enfaticamente ("Faremos o possível para satisfazê-lo conforme seus méritos; e, sem nos vangloriarmos... asseguramos ao senhor, a partir de hoje, que, pelo lado do azeite e do porco, não se poderá almejar nada melhor") e perguntam insistentemente aos visitantes: "O senhor vem à casa do senhor de La Reynière, sanguessuga do povo, ou à do seu filho, o defensor da viúva e do órfão?".

Imaginemos a organização desse jantar grandioso, com 17 talheres, 365 luminárias à moda antiga, efebos com traje romano garantindo o serviço, um cadafalso central drapeado de preto, como se fosse para um enterro. Mas esqueçamos o grande escândalo que foi, relatado por curiosos, que adivinharam que era o início de muitos outros, a espiá-lo atrás das balaustradas, como fez o próprio Grimod, que chegou a repeti-lo em março de 1786... Essas foram apenas as primeiras premissas dos almoços filosóficos chamados de seminutritivos, organizados todas as quartas e sextas, de onze às quatro horas, salvo o período de férias da universidade. Grimod, que frequenta alguns dos melhores escritores do seu tempo, como Beaumarchais, Rétif de la Bretonne e

Sébastien Mercier (autor do *Quadro de Paris*), os convida com fausto.

Cansados das extravagâncias do filho – que tinha também ofendido um confrade advogado, mestre Duchosal, e por causa disso fora expulso do tribunal –, os La Reynière obtiveram contra ele uma carta-régia, submetendo-o ao exílio, afastando-o de Paris. Ele escapou por pouco do hospício psiquiátrico, mas permaneceu dois anos frutuosos na abadia dos cônegos de Domèvre-sur-Vezouse, perto de Nancy, onde aprendeu, entre outras coisas, a fazer a boa cozinha na companhia dos monges. Primeiramente, trabalha como merceeiro em Lyon, no Au Magasin de Montpellier, na comercial rua Mercière. Não fica rico – pelo contrário, suas dívidas são pagas pelo pai –, mas encontra sua futura mulher, a atriz Adélaïde Feuchière (só se casará com ela 23 anos mais tarde).

Em seguida, vai para Béziers, onde faz excelente cozinha, escrevendo ao seu amigo Rétif de la Bretonne que ali descobriu

> tudo que o mar pode produzir de bom; o mar de deliciosos linguados, badejos, linguados ovalados, lagostas, ostras grandes como moluscos, veaux-du-roi, esturjões, perdizes vermelhas que devem ser comidas de joelhos; coelhos alimentados por ervas aromáticas, codornas grandes como frangos, berinjelas, melões dos deuses, uvas moscatel, dos quais só é possível fazer uma ideia aqui mesmo; queijo roquefort digno da mesa de um rei não destronado, vinho moscatel, verdadeiro néctar...

Enquanto a capital se agita enormemente e oscila na tormenta revolucionária, ele se torna gastrônomo. Mas tem de voltar para Paris para assistir aos funerais do pai, falecido de morte natural em pleno Terror, em 27 de dezembro de 1793. Porém, ainda que tenha chegado atrasado para os funerais, no dia 14 de fevereiro de 1794, conseguiu salvar a cabeça de sua mãe, condenada ao cadafalso. E tem tempo de anotar no seu diário: "Durante os anos desastrosos da Revolução, não chegou nenhum peixe ao Halle". A partir daí, percebe-se para onde vão suas paixões. É preciso esperar o final de 1802 para que Grimod dê início a seu grande projeto, que marcará seu nome na história e fará dele o grande precursor de toda a crítica gastronômica moderna. Ele promete ao livreiro Maradan seu *Almanaque dos gourmands*. Embora Maradan reclame que as vendas dos livros são fracas, acrescentando "que valeria mais ser merceeiro, açougueiro ou dono de restaurante", Grimod persiste na ideia.

Por que não oferecer aos ricos da época um guia seguro para se elaborar a melhor refeição pelo melhor preço? Como os parisienses têm atualmente moela no lugar do coração, vamos pegá-los pelo estômago. Anunciei no meu *Censeur* [*Le Censeur Dramatique*, o jornal onde Grimod escreve crônicas teatrais] o projeto de uma topografia alimentar da França. Comecemos por Paris e tracemos o plano de um passeio nutritivo através dos bairros da capital.

O primeiro *Almanaque*, escrito e composto em 25 dias, surge em 1803. É publicado oito vezes, todo ano, de 1803 a

1808, e depois ainda mais duas vezes, em 1810 e 1812, duplicado de um pequeno *Journal des gourmands et des belles*, publicado em 1806 e 1807, com uma teórica periodicidade mensal. Por fim, será duplicado por *Manuel des amphitryons*, que contém um tratado de dissecação das carnes na mesa, uma nomenclatura dos cardápios e "elementos de boas maneiras", que incluem especialmente "propósitos de mesa" e "visitas nutritivas". Essa "obra indispensável a todos aqueles que desejam fazer boa comida, e de encomendá-la aos outros" é uma espécie de código de boas maneiras para o burguês que pretenda fazer boa figura na sociedade e um complemento do *Almanaque*. Em suma, é o precursor de nossos guias modernos, e sua obra permanece revolucionária.

Do que se trata? Simplesmente de inventariar a Paris que come, se move, se transforma e se alimenta com prazer. E de apresentar os lugares selecionados cuidadosamente à nova classe emergente.

> Com a transformação ocorrida nas fortunas, como consequência necessária da Revolução, colocando-as em novas mãos, e o espírito de quase todos esses ricos voltando-se para os prazeres puramente animais, acreditou-se que seria um favor oferecer-lhes um guia seguro na parte mais sólida de seus mais caros sentimentos. O coração da maioria dos parisienses abastados transformou-se rapidamente em moela; seus sentimentos são apenas sensações, e seus desejos, apenas apetites; logo, servi-los convenientemente significa dar-lhes, em algumas páginas, os meios para tirar, em relação à boa comida, o melhor partido possível de seus gostos e orçamentos.

Não poderia haver melhor definição da tarefa do crítico gastronômico do que esse texto, que constitui o prefácio da primeira e da segunda edições do *Almanaque*. Ficamos imaginando um crítico atualmente dirigindo-se a um russo, japonês ou indonésio rico que veio descobrir os novos mistérios culinários de Paris. Inventariando o "discurso gastronômico francês", levantando sua história, reinventando sua cronologia e com a devida reverência a Grimod, Pascal Ory teve o cuidado de observar que

> o *Almanaque* é um verdadeiro "Guia Grimod" (o jornal dos glutões e dos importantes para se tornarem os "epicuristas franceses"), uma primeira tentativa de um periódico do "bem-viver". Além do título, voltado para o passado, o *Almanaque* oferece aos leitores as duas inovações que se tornaram necessárias para o declínio dos grandes estabelecimentos e o aparecimento dos restaurantes: um calendário e um itinerário. O calendário traduz o ano em uma sequência de experiências gustativas, e o itinerário transforma Paris [...] em uma série de grandes lugares gourmands, onde o comerciante de gêneros alimentícios avizinha-se do dono de restaurante.[7]

Grimod tece um elogio a Corcellet, brilhante merceeiro polivalente do Palais Royal, no auge da qualidade parisiense, cuja loja abunda em "terrines de Nérac, mortadelas de Lyon, linguiças de Arles e línguas de Troyes", ao lado de "patês de fígado de ganso de Estrasburgo, os fígados de

---

[7] Pascal Ory. *Le Discours gastronomique français.* Gallimard, 1998.

pato de Toulouse, os vitelos do rio de Rouen, as cotovias de Pithiviers, as frangas e maçaricos de Chartres, as perdizes de Périgueux", entre outras delícias regionais (pães de mel, anisados, peras vermelhas de Reims, ameixas de Agen, geleia de maçãs de Rouen, pasta de damasco de Clermont, pasta de marmelo de Mâcon) ou alimentos mais exóticos (boi defumado de Hamburgo).

Grimod elogia também Chevet, seu vizinho, pelas sardinhas frescas, as ostras de Marennes, os arenques da Holanda, e ao mesmo tempo "o encoraja a escolher um local mais amplo e mais iluminado". Ele cita renomados donos de restaurantes: "os Meot, os Robert, os Roze, os Very, os Leda, os Brigault, os Legacque, os Beauvillier, os Naudet, os Tailleur, os Nicole, etc., anteriormente desconhecidos ajudantes de cozinha, hoje em dia quase milionários".[8] Também não esquece os cafés famosos: Tortoni ("conhecido pelo bom chocolate"), Corazza ("dirigido por uma das mais belas, mais educadas e mais amáveis cafeteiras de Paris") e o de Valois, dos Estrangeiros ("renomado por seu café com água, preparado sem ebulição, o que conserva todo o aroma... e pela excelência de seu *punch*, tanto ao vinho quanto à aguardente e ao rum").

Ele elogia o Rocher de Cancale, de M. Baleine, na rua Mandar, onde se "come a toda hora as melhores ostras de

---

[8] Jean-Paul Bonnet. *Écrits gastronomiques, de Grimod de la Reynière*. Paris: UGE 10/18, 1978.

Paris", bem como "o melhor peixe de mar e a melhor ave".
Toma o cuidado de aconselhar os miúdos da senhora Hardy:

> Além dos rins e das costeletas, recomendamos aos verdadeiros gourmands os membros de frango embrulhados em papel alumínio, pedaços de frango com trufas, seus embutidos recheados, seus cogumelos em conchas [...] que dariam vontade de comer a um moribundo.

E tem ainda tempo para criticar de leve o Very, que tem a audácia "de encher de licores frescos e sorvetes, de qualidade medíocre, os que passeiam pelas Tulherias".

Moderno, Grimod, que não mede suas palavras, guarda suas distâncias, faz de sua liberdade de estilo uma arte. Ele se cerca, para melhor escolher entre todos os víveres que lhe chegam dos cinco cantos de Paris, de uma turma de gourmets patenteados por ele. É o famoso degustador, que manterá 465 assembleias julgadoras, de 1803 até 26 de maio de 1812. O doutor Jean-Baptiste Joseph Gastaldy, prático emérito e gourmet de "paladar seguro, delicado e infalível [que] não ficava menos do que quatro horas à mesa", segundo Grimod, juntou-se ao cardeal de Belloy, inventor da cafeteira de filtro, a Cambacérès ou ao marquês de Cussy. Todos, reputados pela seriedade de seus julgamentos, concediam ou não autorização às "legitimações" que eram dirigidas a partir do escritório de Grimod aos fornecedores gourmands.

O sucesso da publicação garantia a influência do júri, que começava suas deliberações às cinco da tarde e tinha de permanecer pelo menos cinco horas à mesa. Cada legitimação, "alternadamente discutida, criticada, vilipendiada ou aplaudida",[9] era submetida a votação. Se fosse desfavorável, podia dar lugar a uma nova chamada do júri, provocando nova legitimação. A ata do julgamento podia ser impressa pelo fornecedor a seu encargo, assinada pelo presidente do júri (ou seja, Grimod) e autenticada com seu selo. Em resumo, observa-se aí facilmente o precursor de nossos bancos de ensaio gourmands modernos, mas também de todas as florescentes academias de gastrônomos, sem omitir as anotações diversas, estrelas, toques, pratos, panelas de todos nossos guias futuros.

Se nos detivemos mais demoradamente sobre o destino de Grimod de La Reynière e seu papel fundador, foi porque, de um lado, ele faz parte da origem da crítica gastronômica moderna, mas, por outro, sua glória foi fortemente ofuscada por seu quase contemporâneo Brillat-Savarin.

Este último, natural de Belley em Bugey, no Ain, onde será sucessivamente juiz do tribunal administrativo, deputado dos Estados Gerais de 1789, prefeito e comandante da guarda nacional, será apenas um gastrônomo ocasional. Ele se exila, em 1794, por ocasião da queda dos girondinos; para escapar ao Terror, transita por Suíça, Holanda e Inglaterra, antes de escolher o exílio nos Estados Unidos. Mora em Boston, onde tem orgulho em ensinar ao dono de restaurante Julien sua receita de ovos mexidos com queijo, leciona o idio-

---

[9] Ned Rival. *Grimod de la Reynière, le Gourmand Gentilhomme*, op. cit.

ma francês, depois torna-se músico profissional e primeiro violino no John Street Theater de Nova York. Retorna para a França, aproveitando a mudança de regime motivada pela queda da Convenção, desembarcando no Havre em 1796. Abandona rapidamente Paris, alista-se no exército francês, fica lotado na Floresta Negra, investe-se de novo na magistratura em 1789 e torna-se, após sua reabilitação, presidente do Tribunal Criminal de Bourg-en-Bresse. Sob o Império e, depois, sob a Restauração, reencontra seu prestígio, tornando-se procurador da República em Versalhes e, então, membro da corte de Cassação, até sua morte, em fevereiro de 1826. Quatro anos antes, publicou a obra com a qual ficou conhecido no mundo inteiro. É a *Fisiologia do gosto*, que obtém um sucesso fulgurante, mesclando aforismos, observações pseudocientíficas, esboço de memórias, relatos pitorescos e algumas receitas.

Dois anos após sua publicação, Grimod de la Reynière o lê e, admirado, escreve ao amigo marquês de Cussy:

> Comprei e li com extremo prazer a *Fisiologia do gosto* desse pobre senhor Brillat-Savarin, que infelizmente não sobreviveu ao seu triunfo. É o livro de um dos maiores gastrônomos se o compararmos ao meu *Almanaque*, que não passa de uma miserável rapsódia. Como um talento tão profundo, tão interessante, foi ser revelado tão tardiamente? O autor morreu de indigestão?[10]

---

[10] Giles MacDonogh. *Brillat-Savarin, juge des gourmandises*. Paris: L'Arganier, 2006.

No entanto, Grimod não tem razão em se lamentar. Se as reedições do livro de Brillat são incessantes até agora,[11] ele ficará célebre pelos "vinte aforismos do professor" (é assim que ele se autodenominava na primeira edição, que foi anônima), que servem de introdução e aos quais o livro fica reduzido, descaracterizando-o.

- Os animais devoram; o homem come; apenas o homem refinado sabe comer.
- O destino das nações depende da maneira como elas se alimentam.
- Diga-me o que você come e direi quem você é.
- O prazer da mesa é inerente a todas as idades, a todas as condições, a todos os países e a todos os dias; ele pode se associar a todos os outros prazeres, e fica como último para que nos consolemos da perda dos outros.
- A mesa é o único lugar onde não nos entediamos rapidamente.
- A descoberta de um novo prato contribui mais para a felicidade da humanidade do que a descoberta de uma estrela.
- Uma sobremesa sem queijo é como uma moça bonita caolha.
- Torna-se cozinheiro, mas nasce-se assador.
- Convidar alguém é cuidar de sua felicidade enquanto ele estiver sob nosso teto.

Para o resto, a prosa com pretensão científica de Brillat, que se considera tanto gourmand prático quanto químico amador ("a gastronomia é o conhecimento racional de tudo

---

[11] Brillat-Savarin. *Physiologie du Goût*. Paris: Champs Classiques/Flammarion, 2009.

que se refere à alimentação do homem"), e suas ambições teóricas não duraram muito. Em todo caso, seu senso de sentença aforística, a fórmula clara e nítida aparentemente definitiva, que ele poderia melhorar (parece que queria corrigir, se tivesse tido tempo, o 15º aforismo: "torna-se cozinheiro, torna-se assador, nasce-se fazedor de molhos"), fizeram que ganhasse muitos concorrentes e admiradores. Charles-Louis Cadet, de Vassicourt, que afirma ser aluno de Grimod, publica, desde 1809, um *Curso gastronômico*, em que imagina os jantares de um gourmand ficcional ("Manant-ville") querendo aprimorar sua ciência e oferecer um mapa gastronômico da França. Balzac, que publicará *Fisiologia do casamento*, sobre o modelo da obra de Brillat, faz homenagem a este, dedicando-lhe longa nota em *Biografia universal de Michaud* (1843), comparando-o a La Rochefoucauld e La Bruyère, elogiando o "sabor" de seu estilo e o "cômico" sob a aparente simplicidade de sua proposta.

Mais próximo de nós, Jean-François Revel, autor de *Banquete em palavras* (Pauvert, 1979), faz um longo prefácio à *Fisiologia do gosto*. Ele observa que

> Grimod, não lhe faltando talento, não possuía o essencial, aquele essencial que possibilitou a Brillat fazer uma obra-prima em que estava vinculado o espírito do tempo: o estilo. Esse "estilo amável", que faz da *Fisiologia do gosto* muito mais do que um documento histórico: é o missal liberador do epicurista moderado.[12]

---

[12] *Physiologie du Goût*, de Brillat-Savarin, op. cit.

Se ele era um homem de estilo, um ensaísta, ou mesmo um pensador ou contador, o magistrado de Belley não era, de modo algum, a exemplo de Grimod, um jornalista, um crítico, um cronista. É dessa maneira que Pascal Ory registrou, como historiador informado: "Imbuído da técnica Grimod e pelo pensamento de Brillat, o século XI assistirá à criação da escola gastronômica francesa".[13]

Charles Monselet – ensaísta, jornalista, poeta, dramaturgo, colaborador de inúmeras revistas (*Paris, Lettres Gourmandes, Récits de Table*) e autor de quarentas obras, das quais *La Cuisinière poétique, Lettres gourmandes, Les Vignes du Seigneur* e a série dos *Almanaques gourmands* de 1861 a 1870 o aproximam de Grimod (ainda que sua maior referência seja Brillat) – é, sem dúvida, o arquétipo dos novos gastrônomos descendentes dos dois acima citados, faltando incluir Nestor Roqueplan e Armand Malitourne. Mas Monselet é igualmente publicitário, e porá seu talento de rimador a serviço da Casa Feyeux, bufê e confeiteira famosa, para a qual redige doze sonetos...

O século XIX vê ainda o desenvolvimento das regiões e a exaltação das culturas regionais com o talento de Charles Gérard, advogado em Nancy que publica um memorável *Antiga Alsácia à mesa* (1862), e de Lucien Tendret, sobrinho de Brillat, cujo livro *A mesa no país de Brillat-Savarin* (Belley, L. Boily e Fils, 1892) tornou-se um clássico continuamente

---

[13] *Le discours gastronomique français*, de Pascal Ory, op. cit.

reeditado. Isso nos traz à mente um nome mais recente, dentro do mesmo espírito: Andrée Mallet-Maze, o La Mazille, que mostrou ao mundo inteiro as riquezas da gastronomia perigourdiana no livro, sempre reeditado e que se tornou um *best-seller*, *A boa cozinha do Périgord* (1929, Flammarion). Mas aí já estaríamos saindo da órbita crítica e abordando o período moderno.

Institucionalização da crítica 16

Logo no início do século XX, a gastronomia institucionaliza-se, e a crítica também. Ambas são reflexo do movimento das coisas, da evolução dos costumes da época. A multiplicação do número de albergues e de boas mesas corresponde ao desenvolvimento da crônica de gênero. Igualmente revolucionário: em 1900, o principal fabricante de pneus francês publica seu guia. O prefácio da primeira edição, assinado por Edouard Michelin (o presidente da fábrica de Clermond-Ferrand), é profético:

> Esta obra deseja oferecer todas as informações que possam ser úteis a um motorista que esteja viajando pela França, para que possa abastecer seu carro, consertá-lo, encontrar um lugar onde se alojar e se alimentar, outro onde possa se corresponder, correio, telégrafo ou telefone [...] Esta obra surge com o novo século e durará tanto quanto ele [...] Todo ano, publicaremos uma edição cuidadosamente atualizada.

> A presente edição (a primeira) certamente será imperfeita, mas ela se aprimorará ao longo dos anos; será perfeita quando os motoristas responderem atentamente ao questionário que solicitamos preencher [...]. Sem eles, nada podemos; com eles, podemos tudo [...] Nós prometemos excluir radicalmente de nossas listas todos os hotéis que serão assinalados como ruins, seja o restaurante, o quarto, os banheiros, o serviço [...]. Acrescentaremos, ao contrário, bons hotéis, com os pareceres favoráveis [...]

Toda a filosofia está aí resumida e, ao mesmo tempo, é a ideia que orienta a elaboração moderna dos guias: o lado prático, a vontade de exaustividade, o recurso ao apoio (indispensável) dos leitores solicitados como gourmets, ou mesmo como aprendizes de críticos. Na verdade, os primeiros *Guias Michelin* não são realizados com os inspetores profissionais (no sentido atual do termo), mas graças a informações passadas pelos representantes da marca que percorriam a França na época – "esses caixeiros-viajantes (de pneu), sempre nas estradas. Por meio do paladar – e com uma pequena formação –, era fácil para eles experimentar os restaurantes de suas regiões".[14]

Foi só em 1933 que ocorreu a profissionalização do *Guia Michelin*, admitindo inspetores remunerados, que rodariam alternativamente as regiões, distribuindo estrelas aos bons restaurantes e talheres aos restaurantes de hotéis, designando

---

[14] *Le Guide Michelin, plus d'un siècle d'aide à la mobilité*. Paris: Michelin, 2009.

de um a cinco o luxo relativo de cada estabelecimento cuidadosamente visitado. A regra: o inspetor mantém-se incógnito, paga sua conta e só visita completamente o estabelecimento (isto é, da cozinha aos quartos) após ter mostrado seu cartão com o logotipo da Michelin. Como é o típico inspetor?

> Geralmente, é ex-aluno de escolas de hotelaria e possui experiência de vários anos em restaurante e hotelaria. Assim que é admitido na Michelin, ele segue uma "formação técnica" de seis meses, que possibilita seu aperfeiçoamento e aumenta sua sensibilidade aos diferentes estilos de cozinha, à diversidade dos sabores, à enologia, às artes da culinária... e que lhe permite assimilar todos os critérios de seleção, de conforto e atribuições das distinções. É efetuado um trabalho em dupla, com um "experiente", antes de pegar a estrada sozinho.[15]

Evidentemente, o inspetor Michelin não é, de maneira alguma, um crítico gastronômico, no sentido cabal do termo, ainda que ele preencha uma das funções: julga, calcula, avalia, hierarquiza, mas não escreve. Ele concede as estrelas às boas mesas; depois, a partir de 1957, os "R vermelhos", que se transformarão em "bib gourmand",[16] para designar as boas mesas conscienciosas, com um cardápio de boa qualidade e preço razoável. As primeiras estrelas aparecerão, no Michelin, apenas em 1923, mas ainda não têm "valor gastronômico;

---

[15] *Le Guide Michelin*, op. cit.
[16] O homenzinho dos pneus Michelin, Bib ou Bibendum, lambendo os beiços. (N. T.)

distinguem apenas as categorias de conforto e de preço".[17]
Em 1926, associa-se ao símbolo dos hotéis a seguinte definição: "Essa marca, completando as de cima, indica os hotéis que possuem uma mesa renomada". A segunda e a terceira estrelas surgem na edição de 1931 para o interior da França e, em 1933, para Paris.

É preciso esperar o ano 2000 para que o *Guia Michelin* se reestruture e complete cada endereço, laureado ou não com uma estrela ou um bib, com um breve texto definindo o estabelecimento, seu espírito, sua decoração ou seu estilo. Evidentemente, não existe nada de literatura, mas, sim, uma sobriedade, característica do *Michelin*, que corresponde ao estilo da casa. Os guias das grandes cidades (Paris, Londres, Nova York, Hong Kong, Tóquio) evoluirão, e os estabelecimentos laureados terão direito a um texto maior. Mas não deixam de ser apenas textos elogiosos e descritivos. "Não estamos aqui para destruir os estabelecimentos", explica seu diretor Jean-Luc Naret.

O *Guia Michelin*, de qualquer forma, estabeleceu uma medida-padrão, que serve até hoje de referência para qualquer crítica. A partir dela, só se falou em termos de estrelas ao se avaliar um estabelecimento, assim como se utiliza o metro como unidade de medida ou o grau Celsius para temperatura. Mesmo Henri Gault e Christian Millau, que criarão seu sistema de notas e de toques de chef, criarão, como já

---

[17] *Idem.*

INSTITUCIONALIZAÇÃO DA CRÍTICA

citamos anteriormente, uma rubrica chamada de "esquecidos do Michelin", isto é, chefs e estabelecimentos merecedores de duas ou três estrelas que ainda não as obtiveram. Mas todo o século XX vê a crítica se estabelecer, se institucionalizar, encontrar seu ritmo.

O cronista que deu o nome ao personagem que simboliza o Michelin e que, aliás, assina Bibendum é Maurice-Edmond Sailland, chamado de Curnonsky, o futuro príncipe dos gastrônomos. A crônica "As segundas-feiras do Michelin", publicada pela primeira vez no *Journal*, em 25 de novembro de 1907, é assinada simplesmente por Michelin. Será assinada com o pseudônimo Bibendum em 2 de março de 1908.[18] É Sailland, com o dom dos pseudônimos (lembremos que "Cur-non-sky" é "por que não o céu?"), que tem a ideia de batizar de forma latina ("Nunc est Bibendum", ou "agora temos de beber") o divertido e rechonchudo personagem, todo constituído de pneus, que simboliza o guia que acaba de surgir. "Bibendum", acrescenta, "já que o pneu bebe o obstáculo."

Mas Curnonsky, que durante muito tempo esteve a serviço dos outros (foi principalmente *ghost writer* de Willy, o marido de Colette, célebre novelista de 1900, para quem escreveu *Um velhinho bem limpo*), irá finalmente trabalhar para si próprio e colocar os outros para trabalhar. Ele frequenta

---

[18] Simon Arbellot. *Curnonsky, prince des gastronomes.* Paris: Hachette, 1965.

Raoul Ponchon, ao qual chama de sua "Vieille Ponche", Jean Moréas, Léon Daudet, Pierre Louys, Paul-Jean Toulet e Courteline. Publica, como já dissemos, em parceria com Marcel Rouff – genovês de origem e autor de *Vida e paixão de Dodin-Bouffant gourmet* –, 28 tomos de *A França gastronômica*, que é seu *Michelin*, mas um guia cheio de inspiração, cor, calor, onde pequenos e grandes albergues são visitados e comentados vorazmente.

Em maio de 1927, a revista *Le Bon Gîte et La Bonne Table* [A boa hospedaria e a boa mesa] organiza um plebiscito para designar o príncipe dos gastrônomos, baseado no modelo do "príncipe dos poetas", que nessa época era Paul Fort. A eleição, levada muito a sério, será disputada por candidatos não declarados. E, entre 3.388 eleitores, o nome de Curnonsky fica em primeiro, com 1.823 votos, contra 1.037 do belga Maurice des Ombiaux, autor de *A estética da mesa* e de *A arte de comer e sua história*, e 528 de Camille Cerf. Os votos foram ainda dirigidos a Léon Daudet (inclusive o do biógrafo de Curnonsky, Simon Arbellot!), Ali Bab (aliás, Henri Babinski), Édouard de Pomiane, Romain Coolus, Balitrant e Émile Buré. Citam-se esses nomes para indicar que o título – único – será ambicionado e disputado, fazendo de Cur (que faleceu em 1956, em decorrência de queda de sua sacada no terceiro andar, da praça Laborde) um personagem mítico, de caráter obsoleto, mas bem interessante.

Devemos a ele vários aforismos célebres: "Não vim aqui para comer as cortinas", ou "A boa culinária é quando as coisas mantêm o gosto que elas têm". Tinha amor pelos "pequenos restaurantes", para onde sempre era convidado e onde, em seu 80° aniversário, ganhou uma placa de cobre com seu nome, indicando um lugar reservado – no Cloche d'Or (rua Mansart), Yvonne (rua des Petits Pères) ou Maître Paul (rua Monsieur le Prince). Curnonsky fundará a Academia dos Gastrônomos, se colocará de acordo com a revista *Cuisine et Vins de France*, criada em 1946 e dirigida pela dinâmica Madeleine Decure, e apoiará, com um ardente prefácio, a criação do guia *Kléber-Colombes*, modesto concorrente do *Michelin*, que em seguida dará sequência ao aparecimento do *Bottin Gourmand*. Devemos a ele igualmente obras que se tornaram clássicas, como, em parceria com Marcel Grancher, *Lyon, capital mundial da gastronomia* (1935), seguindo uma fórmula destinada a fazer sucesso, e também *As receitas das províncias da França* ou *Bem comer*, que demonstram aonde seu coração o leva.

Cria a Academia dos Gastrônomos, e luta, a partir de 1933, pelo reconhecimento dos AOC. Passa a Segunda Guerra Mundial inteira na casa da boa cozinheira bretã Mélanie Rouat, em Riec-sur-Belon, reforçando, com uma simplicidade legendária, sua pança triunfante, seu pequeno bigode – uma figura mítica da gastronomia francesa. Ele anuncia a imagem dos tipos populares da televisão atual, de Raymond Olivier a Jean-Pierre Coffe, até Jean-Luc Petitrenaud, que percorre a França a bordo de um táxi inglês para um programa com o nome emblemático de *Grand Gourmand*.

Curnonsky é Grandgousier,[19] um Rabelais dos anos 1950, o qual François Cérésa verá, com razão, como uma "mistura" de Père Fenouillard e de Sapeur Camember.[20] Com ele, o crítico é mais um papai carinhoso ou um tio adulador do que um bicho-papão, pois tem dificuldade para falar mal de algo ou de alguém. Mesmo quando afirma que um salão é pior que outro, ele mergulha suas palavras em um molho de mel, em vez de vinagre ou vitríolo. Simon Arbellot, seu filho espiritual, endossa, em *Cuisine et Vins de France*, a "crônica do feliz convidado", enquanto Robert Courtine, a quem já nos referimos em capítulos anteriores, é encarregado da "crônica do convidado ranzinza". Quando esses dois cronistas comentam sobre o mesmo estabelecimento, é de maneira totalmente diferente.

Após a Segunda Guerra, a crônica culinária foi mantida por jornalistas envolvidos na Ocupação e que estavam proibidos de dar informações. Era preciso, então, encontrar uma seção paralela – ou substituta – para empregá-los. Foi assim que Robert Courtine – que fez sua carreira antes da guerra na imprensa de extrema direita; e depois, de 1940 a 1944, no *La Gerbe*, no *Pilori*, no *Bulletin Antimaçonnique*, no teatro de variedades – encontrou um novo impulso no *Monde* e aí se revelou um mestre. Lembremos as palavras de Hubert

---

[19] Grandgousier, pai de Gargântua, personagem rabelaisiano por excelência, exprime o apetite de tudo. (N. T.)

[20] *Le Petit Roman de la gastronomie*, de François Cérésa, Éditions du Rocher, 2010. Personagens criados por Christophe.

Beuve-Méry sobre ele: "É nosso melhor colaborador!". Mas outros estão no mesmo caso, como Georges Prade, que frequentou Jean Luchaire, dono da imprensa sob a Ocupação, próximo de Otto Abetz, que foi ao mesmo tempo criador da Ordre des Coteaux de Champagne [Ordem das Encostas de Champanha], autor de *Carta confidencial gastronômica* e protegido de René Lalou, do MUMM. Não podemos esquecer Paul Montaignac de Pessotte-Bressolles – apelidado de "Divã, o Terrível", por seus amores com uma Romanov encarregada da publicidade no *Nouveaux Temps* –, que se reconverteu para a imprensa gastronômica, desempenhando um papel discreto como assessor de imprensa junto a várias casas parisienses.

O mais pitoresco dos críticos gastronômicos dos anos 1970 foi, sem dúvida, Henry Viard. Ao dar essas datas, acabo de perceber que já passei da idade dele, que foi meu padrinho nessa profissão, opôs-se a seus antecessores, a Courtine, quando quis, juntamente com Bernard Frank, nos fazer entrar no júri do prêmio Marco Polo/Casanova, tendo como sede o Fouquet's, recompensando a melhor mesa estrangeira de Paris. "Se Pudlowski e Frank vierem, vou embora", advertiu Courtine, pelo menos fiel a suas opiniões antissemitas, o que não o impediu de escrever um artigo sobre a culinária para a enciclopédia judaica do Arche.

Henri Viard opunha-se igualmente a Georges Prade, observando, no jornal *Opinions Gourmandes*, que havia estudado no Liceu Janson de Sailly. Seus "caminhos não passavam pela rua Lauriston", o que lhe valeu uma bolsada de madame

Prade durante uma reunião de júri no Maxim's (onde, sob a Ocupação, era interditado o acesso aos judeus) e uma notificação jurídica para convocação de fatos anistiados (ao denunciar seu amigo Luchaire, cujo esconderijo ele era o único que sabia, Prade salvou sua cabeça no momento da expulsão, enquanto Luchaire foi fuzilado em julho de 1946). Resumindo, Henri Viard representava, ao mesmo tempo, o retificador dos erros, o árbitro do meio, o militante antirracista.

Esse baixinho barbudo, com o pescoço bloqueado por um câncer da medula tratado com colbato, tinha um físico de ogro. Era uma espécie de pessimista, reproduzindo boas palavras e citações greco-latinas, recitando bruscamente, no final das refeições, uma incrível "salada mitológica", discorrendo sobre o charuto (com destaque para Fidel Castro) como bonitas senhoras negras a que dedicava um amor exclusivo. Seus livros (*As boas mesas do Tio Henry, Elogio à gula, Paul Corcellet ou os temperos da vida*) e seus projetos inacabados (*Jefferson e a culinária, A cozinha de Paul e Virginie*) eram dotados de um hedonismo total. Ele poderia ter, cinquenta anos mais tarde, retomado o título de Curnonsky, de príncipe dos gastrônomos. Apresentou-me Joël Robuchon, no *Célébrités*, e também Jean-Claude Goumard, que reassumiu o Cigogne (rua Duphot) antes de rebatizar Prunier com seu nome. E os conflitos jurídicos com Dessirier, severamente criticado por ele num texto com o título "o peixe morreu para nada", mantido por um proprietário impassível, condecorado de guerra, pareciam uma epopeia courtelinesca.

INSTITUCIONALIZAÇÃO DA CRÍTICA

Poderíamos ainda discorrer sobre esse crítico mítico, cronista legendário, que sabia escrever, relatar, fazer rir, citar, analisar, isto é, misturava cultura e arte de viver, mostrando que essa profissão tem como função tanto ler e ver quanto fazer sonhar.

Uma última palavra sobre aqueles que estou esquecendo, pois a crítica que proliferou e se institucionalizou está hoje em todo lugar, e não somente em Paris. Em Lyon, antigamente reinava Henry Clos-Jouve, que movimentou os *Francs-Mâchons* e a *Academia Rabelais*, redigiu uma biografia de Alexandre Dumaine e publicou, juntamente com seu camarada Félix Benoît, uma seleção de receitas comentadas, que é o tesouro da *cuisine lyonnaise*. Em Lyon, predomina há mais de três décadas o pequeno guia de bolso dos Mure, pai e filho, André e Christian, que compete com Jean-François Mesplède, que foi diretor do *Guia Michelin França*, após ter publicado *Lyon Restaurants*.

O *Guia Hubert* (Toulouse), o *Gantié* (Nice) e o *Ballarin* (Bordeaux) estão em evidência agora. Há os pratos mais ou menos coroados de Hubert, os "galhos de oliveira" de Jacques Gantié e os "leões" dos Mure, que recompensam, e também pequenas anotações que muitas vezes lisonjeiam, raramente desagradam. A crítica regional, tão próxima de seus objetos de crítica, que procura sempre agradar os "amigos restaurateurs", está aqui mais perto de Curnonsky do que dos vibrantes Henri Gault e Christian Millau, cujo guia atualmente foi assumido por uma sociedade de venda pela internet: Magicbox.

Aliás, já que estamos no momento da internet, a crítica é retransmitida, disputada, estimulada, atiçada pelos novos meios de comunicação: os *sites*, os *blogs*, os comentários doces, azedos ou amargos refletem uma atualidade dinâmica. A jovem guarda do *Fooding* representa esse jogo da internet com malícia, havendo também, sob o pretexto de ajuda humanitária, com a colaboração da Ação contra a Fome, aparência de ativista social. Mas isso não os impediu de coroar como "melhor cenário do ano" uma casa que ainda não tinha sido aberta ao público, o Dauphin d'Inaki Aizpitarte, de Frédéric Pesneau, ponto de encontro da moda e meca da tendência no 11º distrito, bar de tapas gourmand em forma de estranho cubo de mármore, assinado por Rem Koolhaas, mas que só passou a existir dois meses após a premiação... Ou seja, o favorecimento e o comodismo que a jovem geração atribui à antiga podem se virar contra aqueles que querem chegar rapidamente ao topo.

Com intuição

Com intuição e das boas, descobrir, antes de todo mundo, a pérola rara, saber quem estará amanhã na crista da onda – esse é o papel principal do crítico. Ele deve ser explorador, guia, esclarecedor, protetor; aquele que revela e não tem medo de se aventurar em terra desconhecida, em um sombrio subúrbio, uma região perdida, um lugar deserto, de empurrar a porta de uma fachada sinistra para descobrir o trabalho de outras pessoas.

"Não vim comer as cortinas", dizia Curnonsky, que não me canso em citar. Tomemos como exemplo Éric Fréchon, que foi inicialmente a ajuda brilhante, o tenente zeloso, o criador do mistério, o assistente esclarecido e malicioso, mas discreto demais, de Christian Constant, no Crillon. Alguns anos mais tarde, ele passa a comandar o La Verrière, a dois passos do parque des Buttes-Chaumont. A crítica certamente o lança, mas o *Michelin* o ignora. Não obtém nenhuma estrela até se transferir para o Bristol e rapidamente galgar os degraus para o olimpo dos três macarrons. Não teria sido feito para ser autônomo? Seria ele mais chef do que restaurateur, mais cozinheiro do que dono de restaurante?

Nesse caso, o papel do crítico é constatar a situação, expor o problema, tentar explicar "por que aquilo funciona" ou "por que aquilo falha". Ser crítico não é somente descobrir, achar, colocar o dedo, elogiar, mas também dizer ao pobre chef abandonado que seria melhor mudar de bairro, de decorador, ou até mesmo rever a... hospitalidade. Critiquei muito a hostess pouco sorridente do Dauphin, de Breuil-en-Auge, que dava vontade de ir para outro lugar, mas a cozinha do chef Régis Lecomte era deliciosa e normanda – e este ficou zangado comigo. Mas eu não estava totalmente errado; porque ele acrescentou: "Volte. O acolhimento mudou e, além disso, tenho uma nova mulher...".

A intuição, evidentemente, é ser o primeiro a reconhecer, valorizar, colocar num pedestal. Fui um dos que colaboraram para lançar Olivier Roellinger na área de Bricourt (em Cancale), Antoine Westermann no Buerehiesel (Estrasburgo) e ainda Marc Veyrat no Auberge de l'Eridan (Annecy), bem antes de eles obterem as três estrelas. Assim como Philippe Legendre no V (George V), Joël Robuchon no Jamin (rua de Longchamp), Michel Lorain no Côte Saint-Jacques (Joigny) e Guy Savoy (na época, na rua Duret, 16º distrito, antes do seu reinado na rua Troyon, 18º, perto da Étoile). Da mesma maneira, descobri Sven Chartier do Saturne, Frédéric Simonin ou Adeline Grattard do Yamtcha, colocando-os em seus verdadeiros lugares. Devemos tentar pressentir as novas elites que farão a moda de amanhã, qual será a grande mesa – a aconchegante, um salão discreto, um pouquinho dos neo-1950, Jean-François Piège no primeiro andar do Thoumieux, ou ainda o salão eclético e chique de Jean-Louis Nomicos no Tablettes (avenida Bugeaud), sem esquecer o ainda desconhecido Jean-Georges Klein, do Arnsbourg (Barenthal), apesar das repetidas estrelas (três, mas ele se encontra em Lorraine!), ou ainda Régis Marcon, que foi e continua o rei albergueiro de Saint-Bonnet-le-Froid.

Todos esses chefs, todos esses estabelecimentos, eu os vi crescer. Tentei acompanhar a corrida deles, a carreira, sentir sua evolução, avaliar seus progressos. Coloquei, no meu *Pudlo France*, Anne-Sophie Pic na posição de três pratos, isto é, uma das melhores mesas da França, cinco anos antes da aferição do Michelin. E a repreendi, a irritei, a aborreci quando ela começou a misturar foie gras e atum, a colocar doce em tudo. Elogiei Hélène Darroze e a coloquei no cume da hierarquia parisiense quando meus colegas masculinos riam dela – bonitinha, intelectual, engenhosa, saída da faculdade de decoração e formada em gestão com Ducasse –, pois tinham dificuldade em levá-la a sério como uma verdadeira cozinheira.

Apontei igualmente, antes dos outros, para as irmãs Egloff do Bonne Auberge (Stiring Wendel), onde Lydia cozinha "como o pássaro canta", enquanto Isabelle escolhe os vinhos com um olfato extremamente experiente. E cantei a glória de todas as mulheres chefs que triunfam na Itália (onde três das cinco casas "três estrelas" são comandadas por mulheres), na Espanha (com Carmen Rucalleda, no St. Pau, de St. Pol de Mar), na Áustria (Johanna Maier, no Hubertus, em Filzmoos) ou em Luxemburgo (com a estrondosa Léa Linster, a Bocuse de saias, de Frisange).

Em *Elas são chefs*, com fotos esplêndidas de meu colega Maurice Rougemont, tive a coragem de dizer que as mulheres no fogão têm o mesmo talento que os homens – algo que a crônica e os guias (*Michelin* em primeiro, que atribui com parcimônia suas estrelas) não gostam de admitir. A intuição do crítico também é isso: coragem, ousadia, audácia, encontrar a palavra certa ou aquela que convém e constatar que todos têm seu valor e que seus chefs preferidos são também, assim espero, aqueles que o leitor ousará destacar com franqueza, abertura e sinceridade.

Surfar com a moda 18

Surfar com a moda, criá-la ou causar ilusão, contorná-la, dominá-la, defini-la, moldá-la ou fragmentá-la, manipulá-la e, finalmente, fazer dela sua aliada – esse é também o papel do crítico gastronômico. Ele é, ao mesmo tempo e alternadamente, o iniciador, o destruidor e o recriador das modas da época.

A cozinha foi mil vezes "nova" ao longo da história. Em uma entrevista de Jean-Claude Ribaut, no *Monde* de 6 de setembro de 2007, sobre a grande cozinha de ontem e a "nova cozinha" de anteontem, o genial chef suíço Frédy Girarder, de Crisser, respondeu de forma justa e bem dita:

> A nouvelle cuisine trouxe um novo olhar sobre o produto, seus modos de cozimento, molhos mais leves, uma preocupação dietética correspondente às expectativas da época. Ela foi caricaturada, alterada às vezes, mas, no final, suas contribuições foram benéficas.

Em *Dicionário amoroso da gastronomia*, aqui já citado, Christian Millau confessa:

> Que fique claro: não inventamos nada. Para inventar uma cozinha, o mínimo é fazê-la. Não era nossa função, e seríamos completamente incapazes de cumprir tal tarefa. Nós simplesmente encontramos a fórmula e temos de admitir que ela não tinha nada de espetacular, de "marketing" genial, mas que, além disso, ela já fora utilizada no passado.

E Voltaire, no século XVIII, exclama:

> Não, vocês não vão me fazer comer essa nova cozinha! Não posso suportar molejas de vitela que nadam em um molho salgado. Não poderia suportar o excesso de cogumelos silvestres, pimenta e noz-moscada com os quais os cozinheiros disfarçam os alimentos saudáveis.

Christian Millau, que preferia o termo "cozinha livre", vendo por todo canto lagostins conjugados com kiwi ou, atualmente, os estragos das espumas e da cozinha molecular (que ele compara com a "cozinha futurista" elogiada por Jules Maincave às vésperas da Grande Guerra), preconiza o retorno à sabedoria, aos produtos da terra, à cozinha-bistrô. Não será o autor deste livro – que não aguenta mais deparar com legumes empacotados, preparados, em galantina, espuma de ostra, sifões aqui e lá, e apregoa, já há bastante tempo, o retorno às bases da cozinha, à transparência, à pureza e à verdade das coisas, dos produtos da terra e da tradição – que iria contradizê-lo.

Lembro ter ousado – há vinte anos, à época do começo de Christian Constant no Crillon –, com os adjetivos paradoxais "rústico-sofisticado" e "rústico-chique", para o gratinado dauphinois de lagosta ou cordeiro à moda de Champvallon. Não posso esquecer de abençoar a moda dos "bistrôs gastrôs", lançada pelo próprio Constant e seu aluno Yves Camdeborde, no C'Amelot, ou na Régalade, depois no Comptoir du Relais, que iriam lhe valer concorrentes, como L'Entredgeu, L'Avant-Goût, Chez Michel, L'Ourcine, Hier et Aujourd'hui, Le Bouchon e L'Assiette, a Cave de l'Os à Moelle, o Pantruche, o Grain de Sel, Le Casse-Noix, Le Beurre-Noisette, Eugène ou Jadis, já citados.

A nova moda da época, em consolo à necessidade de se acercar de valores seguros em tempos de crise, é essa proliferação de bistrôs gourmands imaginados por jovens chefs que trabalharam com os grandes chefs, porém desejando, ao deixar a cozinha dos grandes hotéis, jogar o grande jogo da modéstia. Os recentes amigos do *Fooding*, em torno do malicioso Alexandre Cammas, sempre com muitas ideias, já haviam criado um termo franco-inglês, ligando *food* e *feeling*, registrando a marca e o *copyright*, imaginando culinária e prazer, desejosos não somente de refletir "o gosto da época", mas também de angariar patrocínios significativos, como os de San Pellegrino ou do TGV.

Lançaram igualmente o termo de "bistronomia", resgatando o modelo dos bistrôs gastronômicos, citados no parágrafo anterior, e criados, como reflexo do tempo, pelos alunos de grandes chefs, muitas vezes de grandes hotéis, pensando em se tornarem, por sua vez, patrões, em casas modernas, mas seguindo fórmulas baratas, com "vinhos de sede" (vinho do país) de boa qualidade. Restituamos a César: foi o independente Sébastien Demorand, jurado no programa de televisão da TF1 *Masterchef*, que inventou o termo durante uma reunião de organização do júri *Fooding*, em 2004. É um termo fecundo para uma fórmula que deu resultado.

Encontrar a fórmula ou as fórmulas que duram, que desaparecem, permanecem ou voltam, mas sobretudo que permitem identificar as vontades de uma época – esse é o papel de pedagogo que desapareceu no crítico gastronômico. Ele deve permitir ao cliente identificar seu desejo. "Quero algo sólido, generoso, coeso, identificável, uma cozinha de memória, que se coma, se for preciso com os dedos", diz Paul Bocuse, outro grande criador de aforismos gourmands, que poderia ter sido jornalista, redator-chefe, não tivesse se tornado o célebre chef do Collonges, no Mont d'Or, reinando não somente na região de Lyon, mas estendendo sua aura sobre a França toda, que, pela primeira vez, tirou o cozinheiro de sua cozinha.

Antes de Bocuse, o chef raramente foi uma estrela. Teve Antonin Carême, o cozinheiro dos reis. Teve Auguste Escoffier, o chefe do Ritz, de Londres e de Paris, que codificou a cozinha de hotel e os estereótipos da grande cozinha arquitetural, a qual Jules Gouffé ou Édouard Nignon traduziram em receitas claras, que Urbain Desbois desenhou e definiu como "cozinha artística". Ou ainda Point, em Vienne [na França], que circulava pelas salas com gravata-borboleta, enquanto seus aprendizes, futuras estrelas, labutavam nos fogões. Mas Bocuse continuará sendo aquele que criou verdadeiramente o estilo do cozinheiro moderno, possibilitando, especialmente aos atuais chefs dos grandes hotéis de luxo (Alleno no Maurice, ou Fréchon no Bristol), receber salários de estrelas, ou, se preferirmos, de treinadores de futebol, e poderem assim acumular várias recomendações, assinaturas de ementa, elaboração de cardápios e de fórmulas em todo lugar, em Paris, Dubai, Hong-Kong, Courchevel ou Marrakesh.

A moda do chef estrela, que, na verdade, é mais estrela do que chef – dá para imaginar hoje em dia o empresário *globe-trotter* Alain Ducasse fazendo um molho, temperando uma salada? –, evidentemente se deve a este último. E, sem dúvida, a Henri Gault e Christian Millau, que, na época gloriosa dos cronistas gourmands, colocaram-nos na moda; aos períodos de louvor à cozinha dietética, leve ou ainda "emagrecedora", segundo Michel Guérard, que a tornou saborosa, espontânea (para Frédy Girardet) ou imediata (para Pierre Gagnaire), genial criador moderno para quem "a cozinha é arte, amor e técnica".

Um homem influente 19

O crítico gastronômico é alguém que tem resposta para tudo; cria a moda, a desfaz, a refaz, a reinventa. Ele é principalmente aquele que responde instantaneamente a questões flagrantes: onde encontrar o melhor ensopado de vitelo, os melhores escargots, a melhor maionese? Ele é aquele que sabe e possui obrigatoriamente a resposta, provando seu saber pela prática. Pode dar prontamente a resposta a um comentário, pelo correio, por SMS, em seu *blog* ou no de terceiros. É o "sabe-tudo", o homem que não deixa passar nada, aquele que serve como intermediário, o agente de influência, até de recrutamento (quase sempre de forma gratuita, mas voltaremos a esse assunto), o corretor imobiliário e, naturalmente, o consultor editorial.

As fórmulas que citei no capítulo anterior, ao tratar de Guérard, Girardet e Gagnaire – "a grande cozinha emagrecedora" e "gourmande" para o primeiro, "espontânea" para o segundo, "imediata" para o terceiro –, não são definições feitas ao acaso, porém títulos de livros pertencentes a uma coleção história: a de Claude Lebey, nascido Jolly, e publicada por Robert Laffont. Membro do Clube dos Cem (um lugar de encontro que reúne muitas personalidades e dirigentes de empresa, gourmands e gourmets), homem de negócios (foi diretor comercial na indústria têxtil de Descamps, depois com Peer Spook), Claude, que recentemente vendeu o guia que traz seu nome para Gérald de Roquemaurel, ex-dirigente do grupo Hachette, é o protótipo do homem de influência no meio.

Foi cronista do *Express,* colaborou com a *Gault & Millau,* prodigalizando paralelamente conselhos a grupos alimentares e hoteleiros (Accor, Concorde). São atribuídos a ele mil poderes, mil amizades, dos quais soube tirar resultados vantajosos: uma empresa de conservas no sudoeste, com Michel Guérard, e um programa de televisão. A procura por estabelecimentos ou locais de prestígio, como o Lucas-Carton da praça Madeleine, para Alain Senderens, a quem assegurou a perenidade financeira ao colocá-lo entre as felizes mãos amigas de Paul-François Vranken, do champanhe Vranken--Lafite, e de Pommery – ou do Café des Feuillants, de Alain Dutournier (esses são alguns dos lances mais célebres de Lebey). Mas o mais histórico de todos foi a Legião de Honra, concedida por iniciativa de Valéry Giscard d'Estaing, no final da década de 1970, que foi o prelúdio de muitas outras.

Mas essas são atividades paralelas. Durante anos, Claude, que criou seu guia três anos antes do meu (ele tem três décadas a mais do que eu, mas somos ambos do signo de Escorpião, do mês de novembro), julgou, decidiu, avaliou conferindo torres

Eiffel, símbolos de qualidade a pães e cafés, com troféus ligados a marcas agroalimentares (Lillet, Staub, le Creuset, Nescafé), ou ainda, mesmo que tenha posto de lado essa distinção, torres Eiffel emborcadas para as mesas reprovadas. Sua intuição, a pertinência de seus gostos (ele adora maionese, cultua os miúdos, especialmente a cabeça de vitelo, e criou o clube dos devoradores de chocolates) e a segurança de seu julgamento nunca foram, temos de reconhecer, contestadas por quem quer que seja.

Homem de influência, e "sabe-tudo" ao seu modo, Nicolas de Rabaudy é, sem dúvida, um dos últimos eruditos entre os cronistas renomados. Durante muito tempo, antes de julgar as boas mesas, foi jornalista de espetáculos do *Paris-Match*, conferindo estrelas aos filmes. É, segundo suas próprias palavras, um "colecionador de restaurantes". Concedeu classificações às melhores mesas da França (no primeiro guia, publicado por Lattès em 1975; depois, em 1976, estabeleceu a lista de sucesso de cinquenta outras casas, a qual atualizará, provendo-a de uma rica documentação, em 2009). Ele soube misturar história e hagiografia (*Léonel, cuisiner des grands,* 1978), as lembranças (*Spaghetti, truffes noires et voluptés gourmandes,* 2005) e romance (*L'Ascension et la chute d'un prince de la table,* 2010).

Após ter criado a *Revue du Champagne,* colaborou no *France-Soir* e na *Figaro à Trois Étoiles,* tornou-se cronista do *Slate,* o jornal eletrônico de Jean-Marie Colombani. Paralelamente, atua como conselheiro gourmand de Benjamin de Rothschild, após ter sido de seu pai Edmond – de quem herdou parte do guarda-roupa. Compras de propriedades, prospecção de castelos, mas também de chefs, especialmente na ampla área do monte d'Arbois – essa é, entre outras, sua esfera de ação. Aristocrata decadente, rico em loquacidade e charme, grande leitor e bebedor eloquente, é também um gourmet viajante que se sente bem tanto em Veneza (frequentador assíduo do Bauer e do Cipriani), Genebra e Nova York quanto em Lyon, Paris e nas estradas da Borgonha ou outros lugares. É igualmente afável e caloroso, empregando uma língua barroca (onde um chef é um "cozinheiro" – um mestre-cozinheiro); fica atento às reclamações, de espírito próximo aos antigos modos de Curnonsky; e define-se, a exemplo desse último, como "gastro-nômade". Nicolas, homem sábio e culto, sabe ser tão caloroso, amável e cúmplice quanto Claude Lebey pode ser rude, áspero, como um grande gato que logo fica de pelo eriçado.

Homem de influência e de cultura, preenchendo funções diversas daquelas pelas quais é conhecido em seu meio, o cronista gastronômico pode ser arquiteto de profissão, como Jean-Claude Ribaut, do *Monde*, designer, mediador de debates e homem de ideias, como o blogueiro Bruno Verjus, do *Food Intelligence*, ou até ex-cronista de rock no *Rock&Folk*, como Jean-Louis Galesne, que trabalha atualmente como gourmand viajante do *Échos*. Estava me esquecendo deles – espero que me perdoem. Todos, de qualquer forma, podem, se lhes for pedido, passar a lista de seus restaurantes fetiches, os que frequentam, aqueles que aconselham para diferentes ocasiões, especialidades e circunstâncias; e ainda aqueles que desejam visitar em breve (estamos falando da *wish list*).

Em busca do bom produto perdido

20

"Não há boa cozinha sem bons produtos", costuma dizer Paul Bocuse, de quem não cansamos de citar os aforismos como sábios truísmos. "A estrela é o produto", completaria Bernard Loiseau. Ou também: "É melhor um linguado sem gênio do que o gênio sem linguado", assinala Alain Ducasse, ou seja, o cozinheiro não é bom nem grande se não souber se esconder atrás do objeto de sua busca e de sua atenção. Na verdade, há alguns anos, os artesãos que fabricam, selecionam, aprimoram e promovem produtos de boa qualidade tornaram-se, por sua vez, estrelas de cozinha. E o papel do crítico gastronômico é descobri-los.

Não me refiro apenas aos confeiteiros – entre estes, o mais midiático é Pierre Hermé, que se tornou estrela no Japão e rei dos macarrons, após seus cursos no Fauchon e na Ladurée, e depois com seu nome, multiplicando lojas aos quatro cantos, enfatizando misturas inusitadas e típicas (como o célebre

Isphan, mistura de rosa e lechia). Mas muitos desses artesãos confeiteiros merecem reconhecimento. Christian Constant foi, na rua Assas, em Paris, um dos primeiros mestres do chocolate. Para Robert Linxe, o "feiticeiro da ganache" (segundo Jean-Paul Aron), o chocolate é uma ascese, um rito, uma liturgia. Ele foi o funâmbulo do "romeu" (café fresco em infusão), o príncipe do "rigoletto" (manteiga-caramelo), o equilibrista da "andaluzia" (com cascas de limão), acreditando que a arte do chocolateiro exige a habilidade do joalheiro/gravador, a destreza do acrobata e o cuidado do cirurgião.

Entre os chocolateiros revelados recentemente como grandes mestres pela crítica, à maneira dos grandes chefs, podemos citar outros nomes: Jean-Paul Hévin, Patrick Roger (o príncipe do chocolate com mel), o belga Philippe Marcolini e o especialista em derretimento Jacques Genin. Estou esquecendo alguém? Descobrir o artesão do momento ou aquele que estará em cartaz amanhã é o último esporte em voga; assim como os padeiros que se tornaram as estrelas de sua profissão, os duques da baguete, os barões do pão de Campanha e os artistas da levedura. Não posso esquecer, é claro, do saudoso Lionel Poilâne, cujo anagrama era "Ô le pain", dando seu nome ao produto universal; nem de Bernard Ganachaud, que chamou de "Flüte Gana" sua famosa baguete com poolish,[21] de fermento lento e líquido e aroma da fumaça de antigamente.

---

[21] *Poolish*: palavra de origem polonesa que designa uma pasta fluida feita de farinha, água e fermento biológico. (N. T.)

Hoje, as jovens e menos jovens vedetes, que muitas vezes são autodidatas do gênero, alunos com poucas horas de curso, virtuosos do pão perfumado, de miolo alveolado e casca crocante, respondem, em Paris, pelos nomes de Jean-Luc Poujauran, Dominique Saibro, Christophe Vasseur (Du Pain et des Idées), Frédéric Lalos (Le Quartier du Pain), Basile Kamir (Le Moulin de la Vierge), Rodolphe Landemaine, Arnaud Delmontel e Gontran Cherrier, o qual passou pela televisão antes de abrir sua loja em Montmartre. Mas não esqueço, no interior, dos talentosos Michel Izard, no Finistère Nord (em Brest e Lannilis), Patrick Dinel, do Le Pain de Mon Grand-Père (em Estrasburgo e em Colmar), e Jacques Mahou, em Tours, todos lutando em prol do bom sabor do pão com gosto de fermento, preconizando a fermentação lenta e dando origem a resultados sedutores.

Não devemos temer essa proliferação de nomes – ela é simplesmente o sinal de que, hoje, as estrelas da gastronomia que o crítico bisbilhoteiro tem o cuidado de destacar (e de premiar, quando se trata de guia, como o *Pudlo Paris*) não são apenas os chefs. Mas muitos artesãos da alimentação que destacam, no início do século XXI, o produto de boa qualidade, bio, natural ou de leite cru, quando tratam de queijos são igualmente múltiplos, numerosos, variados e ecléticos. Os fabricantes de embutidos, como Gilles Vérot (Paris), Conquet (Laguiole), Sibilla e Reynon (Lyon), Éric Humbert (Metz), Hiller (Molsheim) ou Jean-Paul Kirn (Estrasburgo) são igualmente estrelas em suas atividades.

PARA QUE SERVE UM CRÍTICO GASTRONÔMICO?

Os açougueiros de elite – que ressaltam a galinha de Bresse ou de Landes, o cordeiro Allaiton de Aveyron ou Achuria dos Pireneus, o boi normando, Simmental, charolais ou de Salers – são considerados ases do gênero, como Bernard e Michel Bissonnet (dos açougues de Nivernais e Lalauze), Hugo Desnoyers (rua Boulard, em Paris) ou Metzger, no Halles de Rungis. Eles abastecem a maioria das mesas na França.

Do mesmo modo, os queijeiros que acentuam as bandejas das três estrelas são aqueles que selecionam, refinam e cuidam para que todos os clientes recebam belas massas de leite cru. Refiro-me a Bernard Antony (Vieux Ferrette, sul de Mulhouse), Jean-Yves Bordier (Cancele e Rennes), os irmãos Mons (em Roanne e Haon-le-Châtel), ao Marchand de Nancy, a Cyril Lohro (Estrasburgo), Renée Richard (Lyon), Rodolphe Le Meunier (Tours), Bernard Mure-Ravaud (Grenoble), Frédéric Royer (Bougeon, em Thonon) e, em Paris, Marie-Anne Cantin, Marie Quatrehomme, Martine Dubois, Barthélemy, Alléosse, Lefebvre, e tantos outros, às vezes com a etiqueta MOF (Melhor Operário de França), com colarinho azul, branco e vermelho, ou mesmo campeões do mundo dos queijos...

Com eles, a busca pelo bom produto perdido é um prazer. Descobrir o *bleu* de Terlignon, ainda fabricado em Isère por quatro produtores corajosos, o melhor abondance láctico, o comté frutado e cremoso, o saint-nectaire com gosto de terra, o beaufort de pasto montanhoso, o cantal forte, o laguiole friável, o vacherin suave, o brie não muito fluido, o autêntico

EM BUSCA DO BOM PRODUTO PERDIDO

camembert, o livarot com fatias verdes – indicando suas cinco faixas de "coronel" e sua fabricação artesanal –, o pont l'évêque com nariz de leite azedo e os de cabra cinzas, frescos, secos ou fortes – esse é um esporte que se assemelha a uma exploração doce e lenta de todas as boas pequenas regiões francesas.

Prestar homenagem aos produtores de talento nos cardápios dos restaurantes está igualmente na moda, e a essa moda o crítico cede prazerosamente suas sondagens, pesquisas e aprovações. É preciso também observar que os legumes vêm do "amigo Joël" (Thiébault), artesão-horticultor na Île de France; o pombo, de Paul Renault, na Bretanha; as ostras, de Madec, Cadoret, Gillardeau ou David Hervé; os presuntos ibéricos, de Bellota Bellota ou de Jabugo, assinados por Romeo Sanchez Carjaval. Mostrar que o coração desses produtores é grande é o papel do crítico que vai buscar a qualidade do alimento na fonte, e não somente na superfície das coisas.

Assim fazendo, ele volta ao seu papel original. O leitor se lembra de Grimod de La Reynière, de seu primeiro *Almanaque dos gourmands*, um "itinerário nutritivo através de Paris", que revelava sobretudo os gêneros alimentícios da casa Corcellet, entre muitos outros, e os arredores do Palais Royal? Lembra também, um século e meio mais tarde, de Gault e Millau, que não se contentavam em revelar o *traiteur*/confeiteiro Lenôtre, o Paul Corcellet deles, mas falavam do sorveteiro Berthillon e também, em Londres, dos famosos açougueiros Allen e John Bailly and Sons? Prestar homenagem aos produtos perdidos

PARA QUE SERVE UM CRÍTICO GASTRONÔMICO?

e reencontrados, assim como a seus artesãos preferidos, os produtores especialistas, os selecionadores de elite, é fechar o círculo da gastronomia, contornar toda a questão, agradecer a homens que não ficam em evidência, lembrando que sem eles não haveria o belo aprendizado da gastronomia. E, consequentemente, da crítica aplicada, positiva e organizada.

O diabo está nos detalhes

21

Ir atrás de pequenas imperfeições de um prato que possa ser melhorado, assinalar o prato insosso, eliminar a denominação ridícula, enunciar as manias e denunciar os Trissotins[22] da época – essa é a função do crítico, criticando, fazendo ativamente seu trabalho de cronista minucioso. Ontem, por exemplo, no Glou, o restaurante do momento no Marais (rua Vieille du Temple), havia, sob o pretexto de bio e ecológico, seguindo a tendência, apenas produtos bio e de boa qualidade, mas cozidos sem nenhuma malícia ou apresentados sem o zelo de mostrar suas verdades, tampouco suas transparências.

Uma sopa cremosa de lentilhas "com sua espuma de toucinho caipira", sem nenhum gosto, apenas o do creme, nem de

---

[22] *Trissotin*: personagem de Molière (*Les Femmes savantes*), uma pessoa ridícula e pedante. (N.T.)

sal, pimenta, ou toucinho (o cardápio falava de uma "boa sopa caipira" – imagine!), fatias de atum branco (atum Germon vindo da ilha d'Yeu e apresentado como "não correndo risco de extinção"), propostas refrigeradas com um pote de creme de leite ("abundante", conforme o sempre eloquente cardápio), sem omitir os rigatoni, chamados de "massas caseiras", com creme de trufas, muito cozidos, ou seja, amolecidos, carregados, exageradamente cremosos, mas com muita pouca trufa...

Sem falar do "mil-folhas" de siri com abacate, que de mil--folhas só tinha o nome, as miseráveis folhas de salada que se arrastavam de prato em prato, a garçonete, que percorre as mesas e não liga nem um pouco para o pedido, que esquece de trazer o café pedido há 10 minutos, que não admite que o cliente lhe faça uma observação ("Por quê? O senhor está com pressa?"), o cheese-cake empanzinador e um pouco fraco, mesquinho. Mas, como é um lugar da moda, insisto propositalmente e não tenho medo de ir contra o vento determinante.

O trabalho do crítico? Não ligar para o que os outros vão dizer. Indagar-se para saber por que está repleto um salão que faz pratos sem graça, onde o atendimento não acompanha o movimento ou não é bom. Enfim, perguntar-se para saber se o que comemos tem verdadeiramente um sentido. Os McDonald's e os Burger King estão sempre cheios, oferecendo uma comida industrial incolor, inodora e empanzinadora. No entanto, são bons? O público pode se enganar: votar no candidato errado nas eleições (Hitler não foi eleito democraticamente em 1933 na Alemanha?), aplaudir as peças ruins, rir dos filmes fracos, preferir o Caprice des Dieux, o Babybel ao munster de leite cru e o Saint-Nectaire[23] da fazenda.

"O diabo está nos detalhes", costumam dizer meus amigos suíços. E ainda acrescentam: "Quando sabemos o que sabemos e quando vemos o que vemos, temos razão em pensar o que pensamos". Permito-me fazer meu mel dessa sabedoria suíça, acreditar que o diabo se infiltra efetivamente por todo lado: num cenário da moda, entre as linhas de um cardápio de restaurante, atrás das boas intenções de uma voga que passa e repassa os pratos e já se prepara para mudar de gênero. Acertar os ponteiros, indicar a direção do bom gosto, fugir do blefe, dos brilhos e do molecular, ou seja, voltar à verdade das coisas e, sobretudo, saber formular críticas procurando a palavra correta, o adjetivo exato, a observação clara, o verbo preciso, a expressão específica – esse é o verdadeiro papel do crítico.

Evidentemente, não existe uma verdade única. Mas, como ela não existe – é múltipla como os braços da deusa Vishnu –, encarnando-a de mil modos, da mesma maneira que existem várias cores e religiões, o crítico tenta o caminho do meio. Ele reage contra o excesso em tudo, fala de suas emoções, alegrias, dissabores, pequenas contrariedades e miniaborrecimentos. Tira disso lições para todos. E, além do mais, ele

---

[23] São tipos de queijos franceses. (N. T.)

não saberia cozinhar tão bem quanto aqueles que julga: os bons, os grandes ou os pequenos chefs. "Os críticos são como os eunucos: eles sabem, mas não podem." Essa declaração de Yehudi Menuhin, que me foi transmitida por Paul Bocuse em forma de anedota, tem sua parcela de exatidão. Mas o crítico é aquele que tenta encontrar a verdade para os outros... e, principalmente, a palavra certa.

Quando alguém ao meu redor comenta sobre determinado restaurante em voga, ouço, inevitavelmente, "é porcaria" ou "é o máximo". A verdade vai além disso. Traduzir em palavras um encolher de ombros, ajudar a formar um julgamento, expressar em linguagem clara o que todo mundo acredita pensar, sentir e queira expressar – esse é o papel do cronista culinário. Dar apetite ao seu leitor – essa é mais uma de suas funções –, assim como evitar que o leitor perca tempo inutilmente e, sobretudo, mantê-lo informado sobre o lugar onde entrará.

Só é bom o que faz sentido

22

Perseguir a afetação, a estupidez e a decoração desnecessária – isso é grande parte de meu trabalho. Julgar o "bom prato" a olho, aquele que não precisa de ramos de ervas e folhas de salada por todo lado, de maços de legumes, ramos de cerefólio ou de anis sempre presentes, que padronizam o prato – esse é meu papel. Isso se chama "corrigir o alvo", ajudar a ver mais claramente.

Um princípio evidente para julgar um prato que deve ser bom, adequado e pertinente é dizer que só é bom o que faz sentido. Dizer aos chefs que evitem o excesso, a poeira das ervas e dos condimentos para "fazer bonito", a espuma sem relevo... que dariam a impressão de que o chef espirrou no prato, para não dizer que cuspiu. Agir não como defensor dos oprimidos, mas como árbitro do bom senso, o barômetro, aquele que mede o bom gosto das coisas, atuando racionalmente.

PARA QUE SERVE UM CRÍTICO GASTRONÔMICO?

Em outras palavras, a afetação é o inimigo. O crítico é um defensor dos oprimidos, um Zorro que se ignora – ou não se ignora –, um justiceiro, que tem pena, num primeiro momento, do cozinheiro que repreende cruamente, mas pensa em ajudá-lo a se sair melhor. Pede-lhe para colocar em letras bem grandes em suas cozinhas e diante de seus empregados: "O melhor é inimigo do bom". Ou seja, um crítico ponderado não é apenas um proporcionador – ou um colaborador – de felicidade, mas alguém que impede a regularidade da culinária ruim. Há aqueles salões que critiquei severamente no passado e para onde voltei – cheio de esperança. No Gérard Vié, em Versalhes, há muito tempo, tive uma refeição desastrada, inutilmente rica e complexa; e, algum tempo depois, pratos coloridos, esplêndidos, límpidos e honestos: foie gras escalfado em molho de banyuls (vinho doce natural do Roussillon) e "preto no branco" (um molho mousseline leve de batatas) com caviar que possuíam frações de brilho, bom e de verdade.

Estou pronto para voltar ao combate, depois de ter severamente criticado Gilles Goujon, do Vieux Puits, em Fontjoncouse. Quando ele tinha apenas uma estrela, reprovei o caranguejo gratinado seco, acompanhado de sorvete de açafrão, igualmente sem gosto. Mas ele resistiu, ganhou a segunda, depois a terceira estrela. Em alguns meses, já está prometido, vou voltar para ver como ele está, constatar sua progressão evidente e necessária. E constatar o peso de minhas críticas.

Não estamos aqui para ser os únicos a defender o jovem chef a quem almejamos todas as estrelas. Estou me referindo ao desconhecido Georges Flaig, do Anthon (em Obersteinbach, extremo norte da Alsácia), quase tão isolado quanto Gilles Goujon (nas Corbières, ao pé de uma linha de castelos fortes, que separa os Vosges do Palatinato), que me surpreende com sua fina torta de vermelho e rúcula, suas schniederspätle (as famosas "massas de talhador") com truta salmonada com cebolinhas em conserva, seu robalo com suco de vitelo e sálvia, seu suculento pombo jovem e pastilla (prato marroquino feito com massa folheada) com frutas secas, ou ainda com seu maravilhoso crème brûlée com ruibarbo, que é de rolar no chão. E este, o *Michelin* ignora, esquece de conferir estrelas...

A injustiça, a sensação de esquecimento e a falta de discernimento dos outros nos fazem reagir. Crítico irritado, zangado, opositor da afetação e da estupidez – o cronista gastronômico é isso certamente; ele está pronto para mergulhar sua caneta tanto no fel quanto no mel. Ele lembra, como diz Brillat-Savarin, que "a descoberta de um prato novo faz mais para a felicidade da humanidade do que a descoberta de uma estrela". Mas, se ele gosta da novidade – e a criação sábia e serena o exige –, também gosta de encontrar, de maneira moderna e leve, o que já conhecia no passado.

"O gosto de ontem e a técnica de hoje" – esse é o teorema, o axioma, o bonito aforismo, com o qual Jacques Chibois, o grande chef do Grasse da Bastide St. Antoine, definiu um dia a cozinha moderna, de sentido e de bom senso. A leveza, a delicadeza, a habilidade de Jacques, do Limousin – ligando da Riviera a toda a Provence em suas grandes extensões, isto é, do litoral até o interior – comprovam sua habilidade de especialista, ao ousar com azeite de oliva e a trufa da estação: é isso que me encanta, me impressiona, me emociona.

A breve felicidade, o sentimento de emoção súbita ou contínua, a serenidade tranquila que experimentamos diante de uma descoberta ou de uma refeição inteira – é isso que me move e que prontamente quero dividir com os leitores que me depositam confiança e que me acompanham.

Proporcionador de felicidade, compartilhando emoções, o cronista gastronômico é, ao mesmo tempo, crítico mordaz, pois sabe e quer criticar. Não estaria tudo na dosagem? Não seria tudo uma questão de equilíbrio? Sim, sem dúvida. E foi, naturalmente, o que quis que os leitores entendessem ao longo deste breve livro. Contar-lhes uma história – a minha, é verdade, mas também a de muitos outros, desde Grimod de La Reynière e seus seguidores. Compartilhar minhas esperanças e dúvidas, mostrar e causar reflexão sobre minha missão, que é uma missão suave e serena, mas não um trabalho inútil. É uma espécie de *hobby* apaixonante que se tornou um apostolado laico, a defesa honesta e obrigatória do gourmet/gourmand, o qual é, principalmente e antes de tudo, um consumidor como outro qualquer – nisso, o crítico gastronômico é uma espécie de cavaleiro das cruzadas dos tempos modernos.

Obrigado por me acompanharem até aqui. Obrigado pela confiança, por continuarem comigo rumo a outras aventuras gastronômicas, competentes e humanas, que serão o terreno e o solo de muitas outras emoções.

Uma profissão para ser classificada

23

Eu pensava ter concluído esse pequeno vade-mécum do bom crítico, mas percebi que não havia feito nenhuma referência à recente classificação da culinária francesa como patrimônio mundial da humanidade pela Unesco. Evidentemente, disso, o cronista francês só pode se rejubilar e soltar um grande e sincero "bravo"!

Com isso, passamos os italianos, que predominam no mundo com as pizzas, as divinas massas artesanais, os excelentes azeites de oliva, os finos risotti (viale nanone, carnaroli ou arborio), a mozarela de búfala de Campanha, as lentilhas de Castluccio, a trufa branca de Alba e a preta de Norcia, os pequenos tomates de Puilles, os variados queijos de leite cru (taleggio, gorgonzola, parmesão, reggiano...), o vitelo Fassone do Piemonte, a linguiça Perugine, os bolos secos e as bolachas que derretem (cantucci toscanos, sbrisolona mantuano, panettone milanês), as mostardas de frutas de Cremona, que possuem mais AOC (denominação de origem controlada) do que nós... e deveríamos nos lamentar?

Cito os produtos da Itália – país vizinho e amigo, que, como todos os franceses gourmets, adoro (Cocteau não dizia que o "italiano é um francês de bom humor"?) –, mas poderia ter citado os pratos, receitas e tradições da China, do Japão, da Espanha (a paella foi classificada!), da Grécia (fizeram a mesma coisa com o regime cretense), de Marrocos (briouates, pastilla, cuscuz e tagines, amamos todos!) ou do Líbano (ah, aqueles mezzés reais!). O crítico francês – pois é ele meu alvo, neste pequeno livro fragmentado e parcial – tem os olhos abertos para o mundo. Nascido no cruzamento de três fronteiras (Alemanha, Bélgica e Luxemburgo), o autor destas linhas olha obrigatoriamente para a Europa.

Ele sabe que em Sarre, na Floresta Negra, no vale do Reno, em Ardennes, na rica Flandres e também na Suíça, assim como em outros lugares, de Londres a Milão, de San Sebastian a Dublin, de Lausanne a Maastricht, existem mesas de qualidade, produtos esplêndidos, receitas irresistíveis, campeãs de sabor eterno, como o Stucki na Basileia, os Girardet em Crissier, os Santini na Itália, os Mosconi em Luxemburgo, os Berasategui em Lasarte e os Gossen em Kruishoutem. Em suma, o crítico francês aplaude a classificação da culinária francesa como patrimônio mundial, mas rejeita os funcionários da Unesco, que, impulsionados por um eficaz *lobby*, manifestamente se esqueceram do que se fazia em outros lugares.

Sejamos chauvinistas – um pouco, rindo de nós mesmos –, embora sabendo ficar de olhos abertos. E enquanto aplaudimos, nos divertindo com essa classificação que nos convém, rogamos igualmente que nossa profissão, essa obra-prima em perigo, essa profissão pouco respeitada, muitas vezes ridicularizada, tão criticada, frequentemente não levada a sério pelos próprios profissionais, seja também classificada como uma espécie de missão sagrada a serviço do sabor – frágil mas sólida, lúcida mas precisa, entusiasta e, é claro, eterna.